OSAKA

47 都道府県ご当地文化百科
大阪府

丸善出版 編

丸善出版

刊行によせて

　「47都道府県百科」シリーズは、2009年から刊行が開始された小百科シリーズである。さまざまな事象、名産、物産、地理の観点から、47都道府県それぞれの地域性をあぶりだし、比較しながら解説することを趣旨とし、2024年現在、既に40冊近くを数える。

　本シリーズは主に中学・高校の学校図書館や、各自治体の公共図書館、大学図書館を中心に、郷土資料として愛蔵いただいているようである。本シリーズがそもそもそのように、各地域間を比較できるレファレンスとして計画された、という点からは望ましいと思われるが、長年にわたり、それぞれの都道府県ごとにまとめたものもあれば、自分の住んでいる都道府県について、自宅の本棚におきやすいのに、という要望が編集部に多く寄せられたそうである。

　そこで、シリーズ開始から15年を数える2024年、その要望に応え、これまでに刊行した書籍の中から30タイトルを選び、47都道府県ごとに再構成し、手に取りやすい体裁で上梓しよう、というのが本シリーズの趣旨だそうである。

　各都道府県ごとにまとめられた本シリーズの目次は、まずそれぞれの都道府県の概要（知っておきたい基礎知識）を解説したうえで、次のように構成される（カギカッコ内は元となった既刊のタイトル）。

Ⅰ　歴史の文化編
　「遺跡」「国宝 / 重要文化財」「城郭」「戦国大名」「名門 / 名家」「博物館」「名字」
Ⅱ　食の文化編
　「米 / 雑穀」「こなもの」「くだもの」「魚食」「肉食」「地鶏」「汁

i

物」「伝統調味料」「発酵」「和菓子 / 郷土菓子」「乾物 / 干物」

Ⅲ　営みの文化編

「伝統行事」「寺社信仰」「伝統工芸」「民話」「妖怪伝承」「高校
野球」「やきもの」

Ⅳ　風景の文化編

「地名由来」「商店街」「花風景」「公園 / 庭園」「温泉」

　土地の過去から始まって、その土地と人によって生み出される食
文化に進み、その食を生み出す人の営みに焦点を当て、さらに人の
営みの舞台となる風景へと向かっていく、という体系を目論んだ構
成になっているようである。

　この目次構成は、一つの都道府県の特色理解と、郷土への関心に
つながる展開になっていることがうかがえる。また、手に取りやす
くなった本書は、それぞれの都道府県に旅するにあたって、ガイド
ブックと共に手元にあって、気になった風景や寺社、歴史に食べ物
といったその背景を探るのにも役立つことだろう。

＊　　　＊　　　＊

　さて、そもそも47都道府県、とは何なのだろうか。47都道府県
の地域性の比較を行うという本シリーズを再構成し、47都道府県
ごとに紹介する以上、この「刊行によせて」でそのことを少し触れ
ておく必要があるだろう。

　日本の古くからの地域区分といえば、「五畿七道と六十余州」と
呼ばれる、京都を中心に道沿いに区分された8つの地域と、66の「国」
ならびに2島に分かつ区分が長年にわたり用いられてきた。律令制
の時代に始まる地域区分は、平安時代の国司制度はもちろんのこと、
武家政権時代の国ごとの守護制度などにおいて（一部の広すぎる国、
例えば陸奥などの例外はあるとはいえ）長らく政治的な区分でも
あった。江戸時代以降、政治的区分としては「三百諸侯」とも称さ
れる大名家の領地区分が実効的なものとなるが、それでもなお、令
制国一国を領すると見なされた大名を「国持」と称するなど、この
区分は日本列島の人々の念頭に残り続けた。

　それが大きく変化するのは、明治維新からである。まず地方区分

は旧来のものにさらに「北海道」が加わり、平安時代以来の陸奥・出羽の広大な範囲が複数の「国」に分割される。政治上では、まずは京・大阪・東京の大都市である「府」、中央政府の管理下にある「県」、各大名家に統治権を返上させたものの当面存続する「藩」に分割された区分は、大名家所領を反映して飛び地が多く、中央集権のもとで中央政府の政策を地方に反映させることを目指した当時としては、極めて使いづらいものになっていた。そこで、まずはこれら藩が少し整理のうえ「県」に移行する。これがいわゆる「廃藩置県」である。これらの統合が順次進められ、時にあまりに統合しすぎて逆に非効率だと慌てつつ、1889年、ようやく1道3府43県という、現在の47の区分が確定。さらに第2次世界大戦中の1943年に東京府が「東京都」になり、これでようやく1都1道2府43県、すなわち「47都道府県」と言える状態になったのである。これが現在からおよそ80年前のことである。また、この間に地方もまとめ直され、京都を中心とみるのではなく複数のブロックで扱うことが多くなった。本シリーズで使っている区分で言えば、北海道・東北・関東・北陸・甲信・東海・近畿・中国・四国・九州及び沖縄の10地方区分だが、これは今も分け方が複数存在している。

　だいたいどのような地域区分にも言えることではあるのだが、地域区分は人が引いたものである以上、どこかで恣意的なものにはなる。一応1500年以上はある日本史において、この47都道府県という区分が定着したのはわずか80年前のことに過ぎない。かといって完全に人工的なものかと言われれば、現代の47都道府県の区分の多くが旧六十余州の境目とも微妙に合致して今も旧国名が使われることがあるという点でも、境目に自然地理的な山や川が良く用いられているという点でも、何より我々が出身地としてうっかり「○○県出身」と言ってしまう点を考えても（一部例外はあるともいうが）、それもまた否である。ひとたび生み出された地域区分は、使い続けていればそれなりの実態を持つようになるし、ましてや私たちの生活からそう簡単に逃れることはできないのである。

＊　　　＊　　　＊

　各都道府県ごとにまとめ直す、ということは、本シリーズにおい

ては「あえて」という枕詞がつくだろう。47都道府県を横断的に見てきたこれまでの既刊シリーズをいったん分解し、各都道府県ごとにまとめることで、私たちが「郷土性」と認識しているものがどのようにして構築されたのか、どのように認識しているのかを、複数のジャンルを横断することで見えてくるものがきっとあるであろう。もちろん、47都道府県すべての巻を購入して、とある県のあるジャンルと、別の県のあるジャンルを比較し、その類似性や違いを考えていくことも悪くない。あるいは、各巻ごとに精読し、県の中での違いを考えてみることも考えられるだろう。

　ともかくも、地域性を考察するということは、地域を再発見することでもある。我々が普段当たり前だと思っている地域性や郷土というものからいったん身を引きはがし、一歩引いて観察し、また戻ってくることでもある。有名な小説風に言えば、「行きて帰りし」である。

　本シリーズがそのような地域性を再発見する旅の一助となることを願いたい。

2024年5月吉日　　　　　　　　　　　　　　執筆者を代表して

　　　　　　　　　　　　　　　　　　　　　森 岡　　浩

目　　次

知っておきたい基礎知識　I

基本データ（面積・人口・府庁所在地・主要都市・府の植物・府の動物・該当する旧制国・大名・農産品の名産・水産品の名産・製造品出荷額）／府章／ランキング1位／地勢／主要都市／主要な国宝／府の木秘話／主な有名観光地／文化／食べ物／歴史

I　歴史の文化編　11

遺跡 12 ／国宝/重要文化財 22 ／城郭 30 ／戦国大名 37 ／名門/名家 43 ／博物館 51 ／名字 59

II　食の文化編　63

米/雑穀 64 ／こなもの 69 ／くだもの 74 ／魚食 79 ／肉食 85 ／地鶏 91 ／汁物 95 ／伝統調味料 100 ／発酵 105 ／和菓子/郷土菓子 110 ／乾物/干物 116

III　営みの文化編　121

伝統行事 122 ／寺社信仰 127 ／伝統工芸 133 ／民話 139 ／妖怪伝承 144 ／高校野球 150 ／やきもの 160

Ⅳ　風景の文化編　163

地名由来 164 ／商店街 170 ／花風景 180 ／公園/庭園 186 ／温泉 190

執筆者 / 出典一覧　192
索　引　194

【注】本書は既刊シリーズを再構成して都道府県ごとにまとめたものであるため、記述内容はそれぞれの巻が刊行された年時点での情報となります

大阪府

知っておきたい基礎知識

- 面積：1899km²
- 人口：882万人（2024年速報値）
- 府庁所在地：大阪市
- 主要都市：堺、岸和田、豊中、枚方、東大阪市、吹田、高槻、八尾、寝屋川
- 府の植物：イチョウ（木）、ウメ、サクラソウ（花）
- 府の動物：モズ（鳥）
- 該当する旧制国：畿内摂津国（大阪市域および淀川より北側）・河内国（淀川・大阪市より東側）・和泉国（大阪湾沿岸）
- 該当する大名：岸和田藩（岡部氏）、狭山藩（北条氏）など
- 農産品の名産：水ナス、シュンギク、タマネギ、キャベツなど
- 水産品の名産：シラス、マダコ、チヌなど
- 製造品出荷額：16兆4513億円（2020年）

● 府　章

豊臣秀吉（太閤）が馬印（武将の居所を示すもの）とした「千成びょうたん」を、大阪のローマ字表記での頭文字「O」を取り入れて図案化したもの。

●ランキング1位

・長屋建の住宅数　2022年発表（2020年集計）の国勢調査による。長屋建とは通常の集合住宅と異なり、住戸それぞれが外に出る出口を持っているものと定義され、この定義の場合には通常思い浮かべる江戸時代のようなものに加えて、テラスハウスと呼ばれるものを含む。大阪では第二次世界大戦前に国内最大の商工業都市として発展した時代において、市の条例・規則による規制を受けながら多種多様なデザインの長屋が労働者やサラリーマン向けに、市内全域に建設された。第二次世界大戦での空襲で市内中心部のものは炎上したとはいえ、現在でも当時の市街の外縁部であった大阪環状線を取り巻くように多くのものが現存しており、近年ではリノベーションも行われている。

●地　勢

　近畿地方のうち、瀬戸内海の最も東側にあたる大阪湾に面した地域である。府域のほとんどが東の奈良県から流れてくる大和川と、北東から流れてくる淀川の流域にあたり、広大な沖積平野である大阪平野を形成している。特にかつての大和川の下流部にあたる東部の河内地域北側や、現在大阪市の中心部にあたる淀川の下流域には、広大な三角州が形成されていた。その様は、古くは大阪市周辺を指す「難波潟」において水生植物の葦を刈ることが歌枕になっていたほどである。このため全域で洪水が頻発し、近代になってから対策として川幅が広い淀川放水路が開かれた。それまでの本流は現在の大阪市中心部を流れる大川である。

　府の境は、南は和泉山脈、東は生駒山地、北は能勢の妙見山をはじめとして西の六甲山地へと連なる山々がなす。このほか、北の山麓には高槻などの町がある微高地があり、こちらを古い山陽道が京都を発して兵庫方面に向かっていた。また古い大和川の流路と海を分けていた上町台地の微高地には、古くから都市や港が発達し、特に淀川との合流点付近は海運と都への水運の結節点として重視され、現在の大阪中心部の原型となっている。

　海岸線は大都市圏の近くにあたることもあり、大阪港やその一部である桜島・夢洲・咲洲などをはじめとした埋立地が多いが、南の和泉地域にはいくつか自然の海岸も残っている。また、和泉地域の沖合には国内最大級

の海上空港である関西国際空港の人工島がある。

●主要都市

・**大阪市**　古く飛鳥時代から「難波津」と呼ばれて近隣の交通と海運、さらには海外からの玄関口としても名高かった場所に発達した、現代でも国内では事実上第二の都市。現在の市街地は豊臣秀吉が築いた城地に、徳川幕府が再整備した都市を直接の由来とする。なお、かつて江戸時代に「大坂」とつづっていた表記が「土にかえるでは縁起が悪い」と現代の漢字に変わったのは明治時代のことだが、それ以前の江戸時代からすでに同様の議論は進んでいたそうである。

・**堺市**　摂津・和泉・河内の3国の「さかい（境）」に位置することが地名の由来となった、府内第2の都市。平安時代から築かれた町は、室町～戦国時代にかけて国内有数の海外貿易港として繁栄を極めた。現在でもこの時代に由来する刃物などが有名。

・**枚方市**　淀川の南岸、京都と大阪を結ぶ街道沿いの宿場町兼淀川の川湊として栄えた都市。

・**東大阪市**　大阪市の東側、かつての農村地帯に、近代の大阪市の拡大に伴い工場が集積した都市。大阪周辺の都市の中でも特に技術力の集積を自覚的に武器としている。

・**豊中市**　淀川北岸の台地上に広がる都市。古くから小規模な陣屋などがおかれていたが、第一次世界大戦前に阪急電鉄（当時は箕面有馬電気軌道）の開業とそれに伴う宅地開発が行われたことをきっかけとして、大阪郊外の住宅都市として急速に発展した。

・**岸和田市**　和泉地域の中心地として栄えた城下町兼港町。だんじり祭でよく知られている。

・**吹田市**　淀川の北岸、行基による開発の伝承が残るなど古代から開墾が進んでいた地域。摂津地域北部に向かう上での交通の要衝であった。第二次世界大戦後にかけて千里丘陵の一帯が開発されて千里ニュータウンが造成されており、1970年大阪万博の記念公園も市内にある。

・**高槻市**　古代以来開発されて城もあり、江戸時代には小藩の城下町となった北部の一中心地。キリシタン大名としても知られる高山右近が戦国時代末期に城主を務めたことでも知られている。

・**八尾市**　河内地域の中ほど、大和川によって早くから開発が進んだ一帯。

大阪府　知っておきたい基礎知識　3

現在の八尾市街は江戸時代に成立し、周辺の木綿栽培で栄えた浄土真宗の寺内町に由来する。これ以外にも河内地域では、南の富田林市や、同じ八尾市内の久宝寺なども寺内町に由来する都市である。

●主要な国宝

・四天王寺所蔵の国宝　聖徳太子の創建になるという伝説が残る四天王寺は日本国内でも最も古い寺の一つであり、その建物は何回もの炎上を経ているとはいえ、いまだ配置などに飛鳥時代の様式を残している。このため、関連する複数の国宝があり、四天王寺宝物館にある後醍醐天皇が書写して自らの手形を押したと伝えられる『四天王寺縁起』や、東京国立博物館に委託されているものとしては上古（飛鳥時代ごろまでをさす）の刀の中でも保存状態がよく、聖徳太子の佩刀と伝えられている「七星剣」があげられる。

・住吉大社本殿　古代より航海の神をまつり篤い信仰を寄せられてきた神社。独特の配置を持つ社殿は、住吉造と呼ばれる。『百人一首』の「住の江の岸による波よるさへや／夢の通い路人目よくらむ」の歌でも知られている。

・木造大日如来坐像　河内地域南部の古刹、金剛寺のご本尊である鎌倉時代の仏像。近年調査が行われ、脇侍の仏像ともども50年の歳月をかけて作られたことが判明した。金剛寺は弘法大師空海が修行したという伝説も残るほどの古刹であり、これ以外にも室町時代に描かれた鮮やかな「日月四季山水図」、平安時代の末期に書き写された、「延喜式」（律令の施行細則）の唯一残る完本も国宝指定のうえ保存されている。

●府の木秘話

・イチョウ　東京都・神奈川県と同じ木を指定している。大阪府においては、第二次世界大戦前の大阪市都市改造の際に整備された御堂筋の並木が特に有名である。

・ウメ　飛鳥～奈良時代にかけて中国から移入されたという、バラ科の花木。今や日本で広く親しまれているこの木は、府内でも大阪天満宮や高津神社など各所によく知られる名所があるが、大阪府では特に和歌の中でも特に古い由緒で知られる「難波津の歌」（詳細は「歴史」で後述）において深いつながりがある。

●主な有名観光地

・**通天閣**　大阪市の中心部、通称「ミナミ」こと難波駅前から少し北に行ったところにある歓楽街である「新世界」にそびえる展望用の鉄塔。新世界は戦前に行楽地として建設され、当時の初代通天閣はエッフェル塔を模したものだった。当初のモダンさを目指した感覚は、通天閣を中心に伸びている、パリのような放射状の街路に残っている。

・**御堂筋**　大阪市の中心部、通称「キタ」こと大阪駅・梅田地区と「ミナミ」こと難波地区とを真っ直ぐに結ぶ市内きっての大通り。もともと大阪は海と城とをつなぐ東西の通りを主軸とする都市で、江戸時代まで御堂筋はいくつかある南北の通りの一つに過ぎなかった。しかし、戦前大阪の過密の中、都市交通の改善を目指し当時の市長のもと、難波地区と大阪駅とを結ぶ道筋にあたっていたこの通りが整備された。成長したイチョウ並木、高さのそろった建物、巨大なアーチと共に掘削された当時の名残を残す地下鉄御堂筋線と合わせて、現在でも大阪を代表する景観の一つである。

・**生駒山**　大阪の東、奈良盆地と大阪平野を分ける名山。奈良県側にも生駒の聖天さんこと寶山寺があるが、大阪府側にも麓に石切剣箭神社という古い由緒の神社があり、腫物治しのご利益、また名刀とされる「石切丸」の所在で知られている。

・**万博記念公園**　1970年に行われた大阪万博の会場跡地にあたる公園。現在は広大な芝生や、国立民族学博物館など有するこの公園の敷地内には、万博のシンボルとして有名な岡本太郎作「太陽の塔」が今もそびえている。

・**大仙古墳（大山古墳）**　古代の伝説上の天皇である仁徳天皇の陵墓とされる巨大な古墳は、「百舌鳥古墳群」の中心的な前方後円墳である。一説には、この古墳は難波津の海から見えることも意識したのでは、とも言われる。また、伝承においても、仁徳天皇は難波に宮殿を置いたといわれている。

●文　化

・**天神祭りの船渡御**　古くは江戸の八百八町に対して「八百八橋」とも呼ばれた大阪の町は、現代もある東横堀川などに加えて多数の堀が張り巡らされており、市内の物流に寄与していた。そのことは、古くから大阪で広く信仰を集めた大阪天満宮の祭りにおいて、天満地区から船場の中心部に向かうルートは船で渡ったことにも表れている。この「船渡御」は中断

が（橋の高さが原因で）あったものの、現代まで継続しており、大阪の夏の風物詩となっている。

・だんじり祭り　岸和田の町で行われる夏まつりは、上に人を乗せた巨大山車が狭い街中の道筋を猛スピードで駆け回り方向転換する、日本屈指の熱気ある祭りとして知られている。

・文楽　人形の操りと太夫による語りによって演じられる劇は、江戸時代前期〜中期の大阪で強い人気を誇った。現在は大阪に国立の劇場がある。またその人気は、近松門左衛門が残した「曽根崎心中」をはじめとする多数の台本や、語り手の太夫であった竹本義太夫の語り方が「義太夫」とよばれて（時に落語に茶化されて）現代までその呼び名が継続していることなどに伝えられている。

・上方落語　落語の2系統のうち、大阪を中心とした上方落語は江戸でも使う扇子と手ぬぐいに加えて見台と膝隠し、拍子木をさらに用い、鳴り物（三味線）との掛け合いを用いた話や、講談のように拍子木で話のテンポを入れていく様式で知られている。戦後にかけて一時存続の危機に陥った芸は、後に「四天王」とも称される4名による芸や弟子の育成、また古い噺の復活と再生などによって今日の発展に至った。

●食べ物

・うどん　俗に「京の着倒れ、大阪の食い倒れ、江戸の飲み倒れ」（各都市の住人が財産を失いがちなものの代名詞）ともいうが、大阪は流通の拠点であったことで北の昆布など良い食材が集中した。うどんの出汁の薄口しょうゆと昆布で味付けしたものを関西風というのも、その背景がある。

・粉もの料理　すでに上に述べたうどんもそうだが、お好み焼きやたこ焼きなど、小麦粉を使った料理は大阪の名物とされている。すでに第二次世界大戦前から、一銭洋食やラジオ焼きなどのような、安価な小麦粉を焼いて使う料理は都市部を中心に親しまれるようになっていたが、大戦後、アメリカからの食糧支援物資として小麦粉（このために「メリケン粉」という呼び名がある）が大量流入したことをきっかけとして、現在見るような料理に変貌していった。このほか、串カツも名物に挙がることが多い。

●歴　史

●古　代

　淀川と大和川という二つの大河川が平野を形成する後の大阪府は、近畿地方西側の玄関口の一つであった。当時、淀川と大和川は現在の大阪市街地中心部の東側で合流しており、川沿いに大和や近畿の内陸部までさかのぼることができるこの地は、瀬戸内東側の交通の要衝であった。例えば、世界遺産にもなった大仙古墳は5世紀ごろの築造と推定され、伝説上の仁徳天皇陵とされている。また、同じくこの時代の歌と古くから伝承されてきたものに、「難波津に咲くやこの花冬ごもり／今は春べと咲くやこの花」（難波津の港に梅の花が咲いている、冬をこもるように耐えきって、今春が来たのだと咲いているのだ）というものがあるほど、大阪市中央部の西側にあったという港、難波津は古くから知られていた。

　当時、大和国に都があった時代には、大和川沿いなどを経由して海に出るルートが主要ルートであったが、一方でその途中には大和川が形作った低湿地があった。このため、難波津や、飛鳥時代〜奈良時代にかけてたびたび都がおかれた場所は、この洪水を避けることができる、現在の上町台地にあたる微高地だと推定されている。聖徳太子が造営したという四天王寺なども、この延長上にある。

　令制国としては、一帯は古くは河内と総称されていたものと推定されており、遅れて摂津・和泉の両国が成立したようである（最終的な和泉国の成立は757年）。なお、摂津国は古くは単に「つのくに」と呼んだ。

　ただし、平安時代に山城国平安京（京都市）に遷都をすると、難波津がもつ都に近いという優位はやや減じた。平安京から見た場合、難波津に向かうには淀川を渡る必要があり、そのため淀川を下ったすぐのところにあり、難波津の比定地よりはやや北の江口（大阪市東淀川区）や神崎（兵庫県尼崎市）の港の方がこの時代には繁栄したのである。主要道の山陽道も、後に山崎筋とも呼ばれるようになる北の山麓を通過するようになった。

　とはいえ、前代以来の四天王寺や住吉大社といった寺社仏閣の蓄積は無視できるものではなく、難波津の一帯は引き続きこれらの寺社への参拝客で、また南の熊野大社（和歌山県）への参拝の出発地としてにぎわった。

●中　世

　淀川水運の変遷の影響は難波津の後を継いだ港にも影響を与え、平安時代から中世にかけては、大阪市内天満橋のあたりが摂津国府にも近い港としてにぎわうようになる。これが窪津（九品津）もしくは渡辺津とも呼ばれる港で、中世にこの地域に発達した武士団、渡辺党はこの港を根拠地とした。また、古代〜中世の首都圏である畿内地域には、天皇家からの臣籍降下に由来する武士団も多く、その一つが河内国を中心とする河内源氏であり、その流れを引くのが、後に鎌倉幕府を開く 源 頼朝である。

　同じく、この畿内地域であることを背景として、中世を通じて後の府域には天皇家や諸権門（貴族・大寺社）による多くの荘園が存続した。水運上の重要な地であり、かつ早くから開発が進んだ肥沃な地であるというこの辺りの性質は、比較的当時の政権の争奪の的にもなりやすいことも意味した。鎌倉時代と室町時代のはざま、建武の新政のあたりの内乱では、河内出身とされる豪族楠木正成が後醍醐天皇に味方して幕府軍を相手に善戦し、また建武の新政が崩壊する前後には、渡辺津で港湾の確保をめぐり激しい戦いを繰り広げている。

　室町時代には主に細川氏が和泉と河内の守護を務めるが、応仁の乱後の混乱の中、二つの特筆すべき勢力が登場する。一つは和泉・摂津・河内三国境の都市である堺である。すでに平安時代には港町として存在し、室町時代には多数の民家が戦に巻き込まれて炎上するほどの戸数を誇ったこの町は、室町時代後期には環濠を巡らせ、有力商人の合議によって市政を運営する国内最大の貿易港として発展した。港にはヨーロッパ船が入港するほどの賑わいを見せている。もう一つは石山本願寺である。1493年ごろに浄土真宗（一向宗）の教主蓮如の隠居所として渡辺津の南に営まれた寺は、1532年に山科の当時の本願寺が炎上したことをきっかけに、浄土真宗の本拠地を移した。このことにより国内最大の寺内町として、堺や平野、富田林といった周辺に所在する都市のネットワークの中で繁栄を遂げる。

　しかし、1570年に織田信長と石山本願寺との間で合戦が勃発。後に石山合戦と呼ばれるこの戦いは毛利氏なども巻き込み10年も続く大きな戦いとなるが、最終的に天皇の仲介によって石山本願寺が退去することによって終焉する。また、堺の自治もこのころから徐々に侵されるようになっていく。こうして、大阪の町ができる準備は整った。

● 近 世

　本能寺の変で信長が横死したその翌年の1583年から、羽柴秀吉（のち
の豊臣秀吉）によって、旧石山本願寺跡に巨大な城の建設が進められる。
上町台地の端に数重の堀を巡らせ、西側の三角州に港の機能をもつ船場地
区の開発、南の四天王寺に向かう道筋への城下町の開発などを行い。幾重
に堀を巡らせた広大な大坂城の造成は、現代に大阪市の人々がこの町の
ルーツを「太閤はん」こと豊臣秀吉と結びつける重大な要因となっている。
　しかし、この巨大な城は江戸時代初頭に豊臣家を滅亡させた大坂の陣で
炎上。これを受けて徳川幕府は、新たに西船場地区の開発などを含む、新
たな城を完成させた。これ以降の大坂には西国大名の監察にあたる重要職
「大坂城代」がおかれ、江戸幕府の西国支配のかなめとして機能すること
になる。また、都市は3つの組に分けられて自治される巨大都市となる。
西国の米や貨幣流通の中心となった大坂は「天下の台所」「八百八橋」と
呼ばれる経済都市・水の都として繁栄を遂げ、河内地域北部にある、かつ
ての入海の最後の名残たる沼地の開発なども急速に進んでいく。米という
点に関しては、世界的に見ても早い事例の先物取引が、取引の中心地で
あった堂島の米市場で行われている。文化史においても、江戸時代前半の
井原西鶴や近松門左衛門などの活躍、また幕末の蘭学塾「適塾」を中心と
した緒方洪庵やその門下生の活躍など、町人の財力の蓄積と主には自治に
支えられて大坂は一大中心地となった。
　一方このため、府域に大名はほとんどおかれず、大名はほぼ岸和田のみ
となった。この時代には河内・和泉の木綿をはじめとした商品作物の生産
も盛んであり、また、堺をはじめ古くからの都市も引き続き都市としての
相貌を維持した。ただし、1704年に大和川がそれまでの河内地域を北に向
かい淀川に合流していた流路から、まっすぐ西に向かい堺の北で海にそそ
ぐ流路に付け替えられている。このことは河内地域の洪水被害を減少させ
た一方で、堺の港に大和川の土砂が流れ込んで水深を浅くさせ、堺を往時
より衰退させる一因となった。
　当然、幕末期にも諸外国から大阪開市は要望された。しかし、大阪は淀
川河口という位置上、港の水深が浅いという弱点があった。このこともあ
り、古くからのもう一つの主要港である兵庫津の隣に神戸港を開港するこ
とになり、幕末の政治的・経済的危機に大阪は突入していく。

大阪府　知っておきたい基礎知識　　9

● 近　代

　明治維新を迎えた大阪は経済上の危機に襲われる。当時大阪の経済を支えていた一つである大名向けの融資が、版籍奉還と廃藩置県による藩の廃止によって多くが負債のまま回収できなくなり、さらに銀目停止（銀の通貨としての使用停止）をきっかけにした取り付け騒ぎ（江戸時代の通貨は金銀の複本位制で、西日本では銀を基準とした手形決済も広く普及していた）などが重なり、主な商人が追い込まれて経済が大混乱したのである。この危機への対応策として、国内最初の商工会議所となる「大阪商法会議所」の設置や、大阪の産業調査、また近代経済に対応しての株式取引所や米取引所、貿易会社や商船会社の設置などの幅広い取り組みが大阪商人によって行われ、明治時代以降の大阪の経済都市としての地位の維持とさらなる発展につなげることに成功した。

　なお、大阪の都市が主に幕府直轄領であったため、廃藩置県に先立って大阪府が設置され、1871年の廃藩置県においても、主に現在の府域のうち旧摂津国を領域とする範囲が大阪府として維持された。一方、残る地域には旧大和国ともども堺県が設置されたが、1881年に大阪府に統合され、1887年の奈良県独立により現在の府域が確定した。

　これ以降の大阪は、日本有数の商工業都市としての歴史を歩む。特に戦前においては東京を上回るほどの繁栄を見せ、紡績業を中心としたその工業の盛んさや商業の繁華さは「東洋のマンチェスター」「大大阪」ともよばれるほどであった。一方でこれゆえに、労働問題や貧困問題が日本でもいち早く噴出したのもまた大阪であり、都市の再開発や整備も早くから行われた。周辺地域の住宅開発や町工場の立地も広がっていった。

　その位置づけのうち、東京に次ぐ国内事実上第二の都市としての地位は、現在でも変わっていない。しかし、戦後の東京一極集中による金融機関や企業本社の移転などを含む、大阪の日本経済における相対的な地位低下は、1970年代の万博開催や、ウォーターフロントの再開発などの都市再生の試みを経てもなお、現代の大阪にとってはいまだに大きな課題として模索が続いている。

【参考文献】
・藤本篤ほか『大阪府の歴史』山川出版社、2015

I

歴史の文化編

遺跡

大仙古墳（前方後円墳）

地域の特色

　大阪府は、日本列島のほぼ中心に位置し、西南は大阪湾および瀬戸内海に面する。東は生駒山地や金剛山地を隔てて奈良県に接し、南は和泉山脈をもって和歌山県と接する。西は猪名川および神崎川下流をもって、兵庫県との境としている。主要な河川には、淀川と大和川があり、もともとは大阪平野を南から北へ突出する形の上町台地の北東で合流し、大阪湾に注いでいた。18世紀初頭に大和川の付替工事が行われて、柏原市から西流し、大阪湾に流入するようになるまでは、河内の低地部には大和川の流路が入り組み、大きな湖沼や湿地帯が存在した。特に「河内湖」と呼ばれる入江周辺には、弥生時代の遺跡が多数点在し、畿内における稲作文化の伝播の過程を知るうえで重要である。また古墳時代には、大阪平野南部に集中して古市古墳群（藤井寺市・羽曳野市）や百舌鳥古墳群（堺市）が形成され、有力な政治権力が成立したものと考えられる。また古代には難波津が形成され、ここを拠点として対外使節が発着、外交上の要地ともなった。そして645（大化元）年には、都が飛鳥から難波に移されるなど、政治的な拠点としても役割を果たすことになる。

　中世には和泉に大内氏、次いで細川氏が勢力を拡大した。河内では畠山氏が勢力を広げるが、応仁の乱後は細川氏も加わって、戦乱が広がった。他方、蓮如没後の1532（天文元）年に山科本願寺が法華宗徒に焼かれたため、証如は本願寺を石山御坊に移し、石山本願寺となった。しかし、織田信長により、堺は自治権を失い支配下となり、石山本願寺も降伏した。そして豊臣秀吉が石山に大坂城を構築、城下町を整備して大坂の町の骨格をつくった。大坂夏の陣後、1619（元和5）年には幕府直轄地となる。その後も街区や堀川の整備が進められ、大坂城も再建された。摂河泉域は直轄領・旗本領・大名領が入り組み、岸和田、高槻に城持大名を配した。

　1868年大阪鎮台が設置。摂河泉の政務が統轄されるが、同年5月に大阪府と改称。その後、和泉は堺県、摂津8郡は摂津県、河内16郡は河内県に

12　凡例　史：国特別史跡・国史跡に指定されている遺跡

分離、大阪府は市街地のみとなる。その後1887年に大和が大阪府から分離して奈良県となり、大阪府は現在と等しい領域にほぼ確定した。

主な遺跡

国府遺跡（こう）

*藤井寺市：羽曳野丘陵北東端部の中位段丘、標高約20〜25mに位置　**時代** 旧石器時代〜奈良時代　**史**

1889年に地理学者山崎直方（やまざきなおまさ）により石器や縄文土器、弥生土器の採集が行われ、知られるようになった。喜田貞吉（きたさだきち）、福原潜次郎（ふくはらせんじろう）らが遺跡から出土した遺物に注目し、浜田耕作（はまだこうさく）はそれらを実見したうえで、1917年より本格的な発掘調査を実施した。弥生土器が多いものの、縄文時代前期の土器（北白川下層2式）が顕著である。また、人骨が100体以上検出され、「玦状耳飾（けつじょうみみかざり）」が人骨に伴って出土した。耳飾を身につけた事例として発掘時点で石膏型が取られているが、その真偽については議論もある。

1957〜59年の調査では、後期旧石器時代の瀬戸内式技法でつくられた国府型ナイフ形石器（こうがた）が発見された。この国府型ナイフ形石器と削器の組合せを国府石器群と呼び、その出土は東北地方南部から山陰、四国、九州南部を除く、西日本一帯で認められ、特に近畿、瀬戸内海中央部によく認められる。他方、飛鳥時代に創建された衣縫廃寺跡（いぬいはいじ）も本遺跡に重複するとされ、塔跡の心礎が残る。遺跡名の由来でもある河内国府については、掘立柱建物跡（ほったてばしらたてもの）はあるものの、国庁跡を示す明瞭な痕跡は発見されていない。

長原遺跡（ながはら）

*大阪市平野区：河内平野南端部、羽曳野丘陵に続く、標高約10mに位置　**時代** 旧石器時代〜鎌倉時代

1973年、市営地下鉄谷町線の延伸工事に伴い、試掘調査が行われ、1974〜79年にかけて発掘調査が実施された。また、近畿高速自動車道建設に伴い、1976〜78年にかけて調査が行われ、その後も断続的に調査が行われている。これまでに縄文時代晩期および弥生時代後期の竪穴住居跡（たてあなじゅうきょ）や甕棺墓群（かめかんぼぐん）が検出されているほか、古墳、平安時代ないし鎌倉時代の掘立柱建物跡などが認められている。遺物では、旧石器時代のサヌカイト製ナイフ形石器や有舌尖頭器（ゆうぜつせんとうき）、石核（せきかく）、破片接合も認められ、大阪市域内では初めての事例として注目された。また、縄文時代晩期の土器として、従来から近畿地方の縄文時代晩期末の型式として知られていた船橋式に後続する型式として、新たに長原式が提唱された。加えて、地表に痕跡を残していなかったが、径55mで周濠をもつ円墳と推定される塚ノ本古墳（つかのもと）をはじめ、4世紀末から5世紀初頭の古墳時代中期の小型方形墳が200基以上も群集し

Ⅰ　歴史の文化編　　**13**

て検出されている。河内平野における古墳群の事例として注目されている。

郡家今城遺跡 ＊高槻市：女瀬川左岸の低位段丘上、標高約 19 ～ 20m に位置 時代 旧石器時代、奈良時代

1969 ～ 70 年、府立三島高等学校建設に伴い府教育委員会が発掘調査を実施した。奈良時代の掘立柱建物と黄褐色粘土層からサヌカイト製のナイフ形石器、フレイクなどが確認され、旧石器時代の遺跡である可能性が明らかとなった。1973 ～ 74 年に行われた高槻市教育委員会の調査では、礫群を伴う 8 単位の石器群が確認され、それらはさらに 4 つの小ブロックで構成されることが判明した。このブロック間の接合資料の存在は、きわめて貴重な意義をもつ。なお、奈良・平安時代の集落は、58 基の掘立柱建物群や 14 基の井戸が認められ、近隣には嶋上郡衙跡（高槻市清福寺町、郡家新町）もあり、官衙に関わる遺跡とも考えられる。

森の宮貝塚 ＊大阪市中央区：上町台地東辺部、標高約 6m に位置 時代 縄文時代中期～晩期

1971 年に労働会館の建替えと大ホールの建設に伴い、発掘調査が森の宮遺跡発掘調査団によって実施された。1974 年、77 年には難波宮址顕彰会がその後も調査を行っている。貝層の規模は東西 45m、南北 100 m 以上で、主体は、縄文時代後期はマガキ、晩期はセタシジミであり、魚骨（後期は海産魚中心だが、晩期は淡水魚が認められるようになる）も多く、獣骨は少ないことから、漁労中心の生業であったことがうかがわれる。また、縄文時代後期～弥生時代の土器、石錘、銛や釣針などの骨角器が豊富に検出されている。特筆されるのは 18 体の埋葬骨が認められた点で、労働会館の前身の旧森之宮小学校が 1934 年の室戸台風で倒壊し、その再建工事に際しても人骨が出土しており、小児骨とともに女性の下顎骨を研磨したものが検出されるなど、人骨資料の豊富な遺跡として特筆される。

安満遺跡 ＊高槻市：檜尾川の形成した扇状地の末端、標高 6 ～ 10m に位置 時代 弥生時代前期～後期

1928 年、京都大学農学部摂津農場建設に際して発掘が行われ、以後断続的に調査が行われている。これまでに弥生時代前期の環濠や遺跡の南辺からは同時期の用水路や堰、水田が検出されている。また、集落東方からは、弥生時代中期前半の 50 基を超える方形周溝墓が 2 群に分かれて検出されたほか、集落西側には、弥生時代中期後半の方形周溝墓が認められている。弥生時代後期以降は、周囲の丘陵部に新たな村落が形成されるなど、集落の分村化の様相を示すものと評価されており、近畿地方における弥生

時代の拠点的集落の変遷を知るうえで貴重である。弥生文化が近畿地方へと伝播した過程を議論するうえで基礎となった弥生時代前期の土器（安満B類）をはじめ、豊富な木器類や良好な木棺なども認められている。

瓜破遺跡
（うりわり）

＊大阪市平野区：大和川右・左岸の段丘上、標高約10mに位置

時代 旧石器時代～奈良時代

　1939年、市立瓜破霊園建設中に発見され、1952年には杉原荘介（すぎはらそうすけ）を中心とした日本考古学協会により調査が行われて、弥生時代前期の土器や石器、木製品、銅鏃（どうぞく）などが出土した。1975年の阪神高速道路松原線建設に伴う調査では、中国鏡を伴う方形周溝墓と土坑墓群が検出され、大型の石庖丁（いしぼうちょう）も出土している。また採集品として中国・新の貨幣「貨泉（かせん）」が認められている。本遺跡の北西に近接する瓜破北遺跡（うりわりきた）（大阪市）では、弥生時代中期の2本の大溝が認められ、長径200m、短径100mの環濠集落を形成していた可能性が推測されている。また、弥生時代後期の竪穴住居跡、掘立柱建物群、井戸などは溝を越えて微高地に広がり構築されているほか、古墳時代には墓域に転換し、懸垂鏡（けんすいきょう）が出土した方形周溝墓や木棺墓（もっかんぼ）、土坑墓などが確認されている。

四ツ池遺跡
（よついけ）

＊堺市：石津川左岸の低位段丘上、標高約7～10mに位置

時代 縄文時代中期～中世

　1917年に鳥居龍蔵（とりいりゅうぞう）らによる調査によって知られ、戦後、1946～49年にかけて末永雅雄（すえながまさお）が発掘調査を行ったほか、1967年からは第2阪和国道建設に伴い大規模な発掘調査が実施された。成果としては、縄文時代後期の土坑やピットが確認され、そこから出土した縄文時代晩期末の深鉢形土器（ふかばちがたどき）（船橋式）の底部に籾圧痕が認められて、大阪府域での稲作文化の伝播に関わる貴重な発見となった。また弥生時代前期の集落跡や、中期の住居域を区画する大溝が検出されているが、環濠は認められていない。また台地縁辺の低地には自然流水路を隔てて、方形周溝墓を主体とする墓域も認められている。古墳時代の集落は石津川の支流の旧河川東岸微高地に移り、竪穴住居跡などが確認されている。

池上曽根遺跡
（いけがみそね）

＊和泉市・泉大津市：標高8～13mに位置

時代 弥生時代　　　　　　　　　　　　　　　　　**史**

　1903年に地元在住の郷土史家によって発見され、1958年以降、泉大津高等学校地歴部や和泉市教育委員会などによる調査が行われ、1967～71年にかけて、第2阪和国道建設に伴い大規模な発掘調査が行われた。弥生時代前期から後期に至る各時期の竪穴住居跡や柱穴群、貯蔵穴、井戸、こ

Ⅰ　歴史の文化編　　**15**

れらの集落を囲繞する直径約330mの不整円形の環濠が検出されている。特に弥生時代中期を主体とし、環濠も中期後半には二重になると考えられている。墓域は環濠の南部と東部から検出され、土坑墓・土器棺墓・方形墳丘墓が認められている。遺物包含層からは、土器や石器、木器、骨角器、玉類など数多くの遺物が出土した。また中期を中心とする各期の突線鈕式銅鐸片が出土したほか、石器の原材および土器が河内および紀伊方面から多量に搬入されたものと評価されており、本遺跡が拠点集落として機能していたことを示唆する。遺跡規模は、60万m²に及び、環濠内の11.4万m²が1976年に、国指定史跡となった。1991年には池上曽根史跡公園に近接して、大阪府立弥生文化博物館が開館した。

瓜生堂遺跡

＊東大阪市：長瀬川と玉串川に挟まれた沖積地、標高約5mに立地　**時代** 弥生時代前期〜後期

1965年に工業用水道管埋設工事に伴い、多量の土器や青銅器が発見され、遺跡の存在が明らかとなった。1961年以降、断続的に調査が行われており、特に50基以上検出された弥生時代中期の方形周溝墓や土坑墓のうち、第2号方形周溝墓は1mを超える盛土が残り、内部から男女各3体の成人を埋葬した木棺墓や、幼児・小児を埋葬したと見られる壺・甕棺、土坑墓が検出されている。遺物には土器のほか、石器・木製農具・工具・容器類など多くのものがあるが、磨製石器や木製品には未製品が認められず、他地域の遺跡に見られない特徴となっている。集落の規模は南北800m、東西500mに及ぶと想定され、河内平野における弥生時代中期拠点集落の1つといえる。なお河内平野中央部では、前3世紀頃には、九州系の弥生土器（遠賀川式）が多く出土し、周囲の丘陵縁辺部では同時期の縄文系の土器が主体的に認められる。しかし、前2世紀には縄文系土器がほぼ見られなくなり、弥生文化の浸透を示す傾向として評価されている。

御勝山古墳

＊大阪市生野区：上町台地の東に突出する微高地、標高約6mに位置　**時代** 古墳時代前期

1931年に梅原末治らによって測量調査が行われ、墳丘長約110m、後円部径54.5m、高さ約7mで、周濠や後円部の埴輪が確認され、前方後円墳と推定される。前方部はすでに府立農学校や勝山通のために削平されていたが、後円部は保存されている。1974年には南公園造成に際して前方部の緊急調査が行われ、葺石の一部やつくり出し、円筒埴輪などが検出されている。4世紀末葉〜5世紀初頭の築造と推定される。大阪市内に現存する前方後円墳としては希少である。本古墳を難波京の計画に際して基準と

したとする説もある。なお「御勝山」の名は、大坂夏の陣に際して、徳川秀忠が陣を置いたことに由来する。

誉田御廟山古墳
＊羽曳野市：羽曳野丘陵の西辺段丘端部、石川左岸の標高約30mに位置 **時代** 古墳時代中期

　墳丘長420m、後円部径252m、高さ35m、前方部幅330m、高さ34mを測り、大仙古墳（堺市）に次ぐ日本第2位の規模の前方後円墳である。応神天皇陵として宮内庁により治定されている。中・近世には古市山陵・誉田山陵とも呼ばれていた。周濠は二重にめぐらせていたが、現在、外濠については水田や宅地に変貌している。東側の周濠が前方部に沿わず内側に屈曲しているが、その理由として、本古墳の築造以前から存在した前方後円墳である二ッ塚古墳（墳丘長110m）を避けたためと考えられている。主体部は未調査であるが、墳丘には円筒埴輪列、家形埴輪、水鳥形埴輪などの形象埴輪片も採集されている。なお出土品の一部は、後円部南方に位置する誉田八幡宮に保存されている。

　加えて陪塚的な存在として、鉄製武具や農工具を検出した方墳のアリ塚古墳（堺市：一辺45m）、短甲や金銅透彫鞍金具（国宝）などが出土した円墳とされる丸山古墳（堺市：径45m）など多数の古墳が存在し、また本古墳を盟主的存在として、墳丘長200mを超える大型前方後円墳が6基を数え、総数100基を超える古市古墳群が存在する。形成時期は古墳時代中期初頭から後期中葉とされるが、今後の研究が期待される。

大仙古墳
＊堺市：台地縁辺の平坦部、標高約20〜25mに位置 **時代** 古墳時代中期

　墳丘長486m、後円部径249m、高さ35.8m、前方部幅307m、高さ34mを測る。墳丘長では日本最大級の前方後円墳である。近隣の大小古墳を合わせた百舌鳥古墳群の盟主的存在であり、仁徳天皇陵に治定される。1872年には、前方部で長持形石棺を納めた竪穴式石室が発掘され、ガラス製皿・碗、塗金を施した短甲や眉庇付冑、鉄刀などが出土したとされる。ボストン美術館には、獣帯鏡と環頭太刀の把頭が所蔵されている。後円部にも江戸時代に長持形石棺があったとする記録が残る。現在、三重の周濠が残るが、1896年頃に政府による修繕工事が行われた結果であり、本来の様相とは異なる。墳丘には両くびれ部につくり出しを備え、ほぼ3段に築かれている。葺石を用い、円筒、人物、馬、鳥などの形象埴輪や須恵器が検出され、前方部の石室は5世紀末〜6世紀初頭と推測される。陪塚である塚廻古墳（堺市）から、巨大な勾玉、銅鏡、鉄製刀剣が出土している。

I　歴史の文化編　17

周辺には14基の前方後円墳を中心とした大古墳群があり、北から南に田出井山古墳（反正天皇陵古墳、墳丘長、148m）、石津ヶ丘古墳（履中天皇陵古墳、墳丘長365m）のほか、1954年に土取りのため消滅した大塚山古墳（墳丘長168m）、また東には、いたすけ古墳（墳丘長146m）、御廟山古墳（墳丘長203m）、ニサンザイ古墳（墳丘長300m）がある。陪塚や群集墳などを合わせると100基近くが確認され、百舌鳥古墳群と称されている。ただし、そのうち現存するものは50基弱ほどとされ、近隣の古市古墳群とともに、古墳時代中期の古墳築造の方法や権力の様相を考えるうえで重要な古墳群であり、研究の進展が期待される。

三ッ塚古墳
＊藤井寺市：石川左岸、段丘縁辺部の標高約30mに位置
時代 古墳時代中期　　　　　　　　　　　　　　　　　　**史**

　仲津山古墳（仲津姫命陵古墳・墳丘長285m）の南に位置する3基の方墳の総称。東西に並んで八島塚古墳（一辺50m）と中山塚古墳（一辺50m）・助太山古墳（一辺35m・国指定史跡）が南辺をそろえて築かれる。周濠を共有しているが、それらはすでに大半が住宅地となっている。1978年に住宅建設に先立ち、八島塚古墳と中山塚古墳の間の周濠部分について発掘調査が実施され、濠底南側から大小の巨大な木製修羅（橇）やテコなどが発見された。修羅は古墳築造の直後に置かれたと推定され、アカガシ属の自然木で、全長8.8mで二股に分かれた部材を用いている。1978年には修羅の復元（鹿児島県徳之島のカシ）が行われ、約400名の人員で14トンの花崗岩を牽引する実験を行い、話題となった。実物の修羅は大阪府立近つ飛鳥博物館（大阪府河南町）に展示されている。古墳の主体部は未調査だが、葺石や埴輪などから、5世紀中葉～後半と推定されている。

奈良井遺跡
＊四条畷市：岡部川右岸の平野部、標高約22～23mに位置
時代 古墳時代後期

　1979年に四條畷市立市民総合センター建設に伴って発掘調査が行われた。溝で取り囲まれ、「生贄」と想定される1頭分の馬骨や頭骨のみを埋納した古墳時代中期～後期の土坑が検出された。周溝内からは大量の土器や動物形土製品、滑石製臼玉、手づくね土器などが検出されている。本遺跡の周囲には中野遺跡（四条畷市）で馬を検出しているほか、岡山南遺跡（四条畷市）などでは取っ手付きカマドと丸底甕、甑の土器セットが検出され、朝鮮半島由来のものと考えられている。加えて、丸底やコップ状を呈する「製塩土器」が、本遺跡や中野遺跡のほか旧河内湖周縁の地域で多数認められ、本遺跡からは製塩炉と考えられるものも検出されている。

馬の飼養に際しては塩を必要とすることが知られており、讃良郡一帯は、渡来人が伝えた馬飼が盛んであったといわれ、きわめて興味深い。

太田茶臼山古墳
（おおだちゃうすやま）

＊茨木市：淀川右岸の富田台地上、標高約35mに位置
時代 古墳時代中期

墳丘長約226mの前方後円墳で、周囲に二重に周濠を構築する。宮内庁により継体天皇陵として治定されている。後円部径135m、高さ19m、前方部幅147m、高さ20mを測る。後円部周堀で円筒埴輪列、人物や馬形埴輪も検出されており、墳丘にはかつて畳一枚大の巨石があり、石棺の一部とも想定される。主体部の調査は行われていないが、周濠の外側や宮内庁書陵部による墳丘裾部の調査なども行われ、5世紀中葉から後半の築造とされる。継体天皇陵としては年代的に齟齬があるため、近接する今城塚古墳（高槻市：墳丘長190m）が有力な候補と想定されている。二重の周濠の痕跡や形象埴輪などが認められ、6世紀前半の築造に比定されている。

陶邑窯跡群
（すえむらかまあとぐん）

＊堺市・和泉市・岸和田市・大阪狭山市：泉北丘陵の北部、標高約60〜130mに位置 **時代** 古墳時代後半〜奈良時代

1961年の泉北ニュータウンの開発に伴って分布調査と発掘調査が実施され、600基を超える窯跡群が認められている。東西約15km、南北約9kmにわたって分布しており、谷によって区分され、東から陶器山、高蔵寺、富蔵、栂、光明池、大野池、谷山池の7つに分けられる。大野池地区では5世紀代を中心とした窯跡が認められ、光明池地区では8世紀代の窯跡が見られる。その後は衰退し、高蔵寺、陶器山へと集約されていく。

窯の形態は、床が傾斜する登窯と床が水平な平窯からなり、後者は陶器山・高蔵寺・光明池地区などに限られ、7世紀前半以降に出現するとされる。また、窯の構築法には地下式・半地下式・地上式があるが、基本的には前二者の形態が多くを占めている。日本最大級の須恵器窯跡群であり、須恵器の型式編年の基準資料として評価されている。

高安千塚古墳群
（たかやすせんづか）

＊八尾市：生駒山地西麓、標高約50〜180mに位置
時代 古墳時代後期〜飛鳥時代

大阪府域でも最大級の群集墓であり、古くは『河内名所図会』にも「千塚」として登場する。現在までに総数約320基が確認されているが、その多くは消滅している。大半の古墳は径10〜15m程度の円墳であり、主体部は横穴式石室である。本古墳群で最大規模のものは、愛宕塚古墳（八尾市）で径22.5m、高さ9m、羨道入口部の両側に土手状の突部を有する。石室は玄室長7m、玄室幅2.5〜3m、玄室高約4.1mを測る。家形石棺が

あったと考えられ、石室内からはガラス製小玉、水晶製三輪玉、鉄鏃、鉄鉾、石突、馬具類、銅・金銅製品、須恵器、土師器などが出土している。5世紀末から6世紀後半まで形成され、石室の構造などから3期に区分されている。なお愛宕塚古墳では、平安時代初期の須恵器や鎌倉時代の土器、瓦器、土師皿、羽釜のほか、室町時代の五輪塔も出土しており、墓所の利用が想定される。近世には古墳名となった愛宕信仰に利用されたという。

磯長谷古墳群
＊南河内郡太子町：金剛山地から派生する丘陵地帯の谷部、標高約70〜80mに位置　**時代** 古墳時代後期〜飛鳥時代

東西3km、南北2kmの範囲に点在する古墳群で、太子西山古墳（墳丘長92m・前方後円墳）や春日向山古墳（東西65m、南北60m・方墳）は著名であり、天皇陵に治定されている。また、叡福寺北古墳は聖徳太子（厩戸王）墓に治定され、1879年の修陵工事では石室が実見されている。羨道の長さ7.2m、玄室の長さ5.3mなどとされ、刳抜式の石棺あるいは棺台が置かれていたという。3つの棺が認められ、東は聖徳太子（厩戸王）、西が妃の膳臣の娘、中央は母の穴穂部間人皇女であると考えられている。本古墳群には、未調査ながら山田高塚古墳（推古天皇陵・方墳）もある。

四天王寺
＊大阪市天王寺区：上町台地の東南隅、標高約18mに位置
時代 飛鳥時代

1955〜57年にかけて文化財保護委員会によって調査が行われ、金堂や講堂、中門、南大門、回廊の一部が調査されている。建物の構築時期やいわゆる四天王寺式といわれる伽藍配置などが明らかとなった。なお、塔跡は1934年の風害による倒壊後の工事で破壊されているが、凝灰岩製基壇、心礎、礎石などが検出された。創建に関しては『日本書紀』の「崇峻天皇即位前紀」に物部守屋討伐の際に厩戸王（聖徳太子）が四天王のため寺塔建立を誓ったという縁起譚があるが、同書に593（推古天皇元）年に「始めて四天王寺を難波の荒陵に造る」とあることから、その時期前後の創建と考えられている。出土瓦の文様には、法隆寺の若草伽藍跡から出土した瓦に類似するものがある。現在の建物は市民の協力により鉄筋コンクリートによって復興されたものであり、創建当初のものではない。

難波宮跡
＊大阪市中央区：上町台地北端部、標高約30mに位置
時代 飛鳥時代〜奈良時代　　　　　　　　　　　　　　　　　　**史**

1954年以降、発掘調査が行われており、前期、後期の2期にわたる宮殿跡の様相が明らかとなった。645（大化元）年の難波遷都以来、793（延暦12）年頃に廃止されるまで、難波宮は都や陪都として日本古代史上に重要

な地位を占めた。考古学的成果としては、前期には瓦葺建物が認められず、内裏や朝堂院などが一体として構築されていることが明らかとなった。その後、広域にわたり焼土と見られる層位があり、土師器などの検討から7世紀中葉頃と比定されている。これは686（朱雀元）年に焼亡した記事にも関わり、孝徳天皇の難波長柄豊碕宮にあたるものと評価されている。そして後期には、蓮華・唐草文軒瓦、重圏文軒瓦など瓦類が多数検出され、いわゆる「天平尺（1尺 =29.8cm 前後）」を使用して設計、造営が行われていたことから、726（神亀3）年に聖武天皇によって再建された宮殿跡と考えられている。内裏・朝堂院部分は国指定史跡となり、1971年より、朝堂院部分を中心に史跡公園として整備事業が進められている。

狭山池遺跡
＊大阪狭山市：羽曳野丘陵と狭山丘陵との間、標高約 80 ～ 90m に位置　**時代** 飛鳥時代～江戸時代

　西除川とその西側を北流する三津屋川を堰止めてつくった人工の池であり、周囲約4km、満水面積は38.9ha を有する。1987～97年にかけて狭山池の総合調査が行われ、北堤では発掘調査が実施された。西・中・東の3カ所の樋をはじめとする遺構が確認され、東樋では上下2層の木樋が検出された。特に狭山池の築造期に設置されたと推定される下部の木樋の年輪年代が7世紀前半と測定され、日本最古級のため池であることが確認された。また中樋の遺構からは、1202（建仁2）年の重源による改修時に建てられた改修碑がみつかるなど、数々の重要な成果があった。なお、1608（慶長13）年には、豊臣秀頼の下で大改修が行われ、中樋と木製枠工（堤の基礎を補強する木組）も検出されており、古代以来の土木遺産の成果を示すものとして高い評価を受けている。

住友銅吹所跡
＊大阪市中央区：横長堀川の西側、標高約 15m に位置　**時代** 江戸時代

　1990～93年にかけて、旧住友銀行事務センター（現・三井住友銀行第1事務センター新館）の建設に伴い発掘調査が実施された。この街区には、1636（寛永13）年から1876年まで、泉屋住友家が操業する銅吹所が存在していた。そのため敷地東部では銅精錬用の炉跡が多数検出されたほか、敷地西部では店舗と住居の礎石群や蔵の基礎、地下式の穴蔵が検出された。遺物としては長崎貿易用の銅地金にあたる棹銅や各種の精錬関係資料のほか、中国清朝の青花磁器や肥前の色絵磁器など上質の陶磁器が認められており、住友家の財力や権威を示すものとして注目を浴びた。

Ⅰ　歴史の文化編　　21

国宝 / 重要文化財

懸守

地域の特性

　近畿地方の西部に位置し、西側が瀬戸内海に面している。北側を東西にのびる北摂山地、東側を南北にのびる生駒山地と金剛山地、南側を東西にのびる和泉山脈がある。コ字型に並ぶ三つの山地に囲まれて、北東から流入する淀川、東から流入する大和川などの河川によって運ばれた土砂により、大阪平野が形成された。平野中央部は京阪神大都市圏の中心都市で、さらには西日本の政治・経済・文化の中核となっている。平野北部は高度経済成長期から急速に都市化が進んだ。平野南部は綿糸綿織物業が盛んだったが、関西国際空港の開業とともに宅地開発が活発になった。

　大古墳が集中する古市古墳群と百舌鳥古墳群、中国大陸や朝鮮半島からの門戸となった難波宮、豊臣秀吉の築いた大坂城、天下の台所と称された水の都など、大阪は古くから日本の重要な中心的一角を担ってきた。楠木正成は悪党と呼ばれた武士団を組織し、後醍醐天皇に呼応して挙兵したが、南朝は廃滅した。室町時代には畠山氏、大内氏、細川氏の勢力による争乱が続いた。商港から発展した堺が自治を確立させ、自由都市として繁栄した。その一方で、石山本願寺を拠点に一向一揆が勢力を伸ばしたが、織田信長に屈し、その石山本願寺跡に豊臣秀吉が大坂城を築城した。江戸時代になり大坂夏の陣で豊臣氏が滅亡し、戦乱の復興後に大坂は天領となった。中小藩が多数設置され、そのほかに旗本領、大名飛地領、寺社領などが複雑に分布した。明治維新の廃藩置県で多数の県が設置された後、1881年に奈良県を含めて大阪府ができた。1887年に奈良県が分割されて、現在の大阪府となった。

国宝 / 重要文化財の特色

　美術工芸品の国宝は56件、重要文化財は520件である。建造物の国宝は5件、重要文化財は95件である。聖徳太子創建の四天王寺、南朝楠木氏と

凡例　●：国宝、◎：重要文化財

の結びつきが強かった観心寺、女人高野の天野山金剛寺などの古刹に国宝／重要文化財が多数ある。また近代実業家たちが収集した著名なコレクションも多い。藤田組を起業した藤田伝三郎と長男平太郎、次男徳次郎のコレクションを収蔵する藤田美術館、安宅産業2代目安宅英一の東洋陶磁器コレクションを収蔵する大阪市立東洋陶磁美術館、繊維産業で功績をあげた久保惣太郎父子3代の美術コレクションを収蔵する和泉市久保惣記念美術館、阪急電鉄・東宝宝塚社長小林一三の美術コレクションを収蔵する逸翁美術館、工務所や映画館の経営者であった正木孝之の水墨画・禅林墨跡コレクションを収蔵する正木美術館、武田薬品工業5代社長武田長兵衞の稀覯書コレクションからなる杏雨書屋などがあげられる。商都大阪の財力で、国宝／重要文化財となるような財宝が古くから集積された。

◎陶邑窯跡群出土品

堺市の堺市博物館で収蔵・展示。古墳時代の考古資料。縄文土器や弥生土器、土師器のような火にくべてつくる在来の土器と異なり、高温の窯の中で焼成し、堅くて頑丈な須恵器を生産する技術が5世紀に朝鮮半島から日本へ導入された。窯業の重要な出発点である。広大な泉北ニュータウンの丘陵造成地で1961年から発掘調査が進められ、500基を超える須恵器の窯跡が発見された。約80,000箱に及ぶ考古資料が出土し、そのうち2,585点が重要文化財に指定された。生産の開始された5世紀前半から9世紀（平安時代前期）まで、約500年間にわたって製作された須恵器の特徴が、時間の経過ごとに編年表にまとめられた。各地の古墳などから出土した須恵器の年代判定に、陶邑で作成された編年表が活用されている。

●千手観音坐像

藤井寺市の葛井寺の所蔵。奈良時代の彫刻。千手千眼の威力で一切の衆生を救う千手観音像で、8世紀中頃に制作された。合掌手を含む40の大手と1,000の小手があり、1掌ごとに1眼をもつ。千手観音は一般に左右に20手ずつ、そして中央の2手と合わせて42臂（手）像で表現されるが、古くは真数千臂の像がつくられた。類例が奈良県唐招提寺の千手観音立像●である。本体の坐像は、原形の土型に麻布と漆を貼り重ね、乾燥してから土を除去して内部を空洞にする脱活乾漆造で、坐像後ろの左右2本の支柱に、大手38本と無数の小手を組み合わせた脇手が取り付けられている。坐像に光背はないが、放射状に整然と配列された千臂は、そのまま光背の役割を兼ねているように見える。やや前かがみで、頬のふくらんだ丸い顔の穏やかな表情に、背後から無数

I　歴史の文化編　23

の手がのびる特異な威容を示す。古い様式を伝える河内飛鳥の地域的特色も感じさせられる。

● **懸守（かけまもり）**　大阪市の四天王寺で収蔵・展示。平安時代後期の工芸品。懸守は、女性が外出の際に首から懸けた胸前のお守りで、鎌倉時代の絵巻などの人物画に見られる。四天王寺には平安時代後期につくられた7懸が伝わり、楕円形の側面、桜花形の側面、隅切箱形をして胴部に張りのある形状など、いくつかの形態がある。大きさは4.5〜6cmである。檜材の胎（芯）を各種の鮮やかな錦で包み、透彫などの細工を施した銀製金具を鋲止めする。胎に墨書で種字を書いたり、内部に巻状のものを納入して護符としての役割が想定される。懸紐の残片が2本付随する。多色を用いた厚い平組で、当時の組紐の様子がうかがえる。懸守の遺品はきわめて稀で、小さなお守りに注ぎ込められた平安時代の繊細な美意識を見て取れる。

● **玄奘三蔵絵（げんじょうさんぞうえ）**　大阪市の藤田美術館で収蔵・展示。鎌倉時代後期の絵画。法相宗の祖師である中国の三蔵法師玄奘の伝記絵巻で、14世紀初頭に宮廷絵師であった高階隆兼が制作に関与したと推測されている。玄奘は唐時代に仏教をインドから中国へ伝え、『大唐西域記』の著者でもあるが、明代の奇抜な小説『西遊記』の中で、弟子の孫悟空、猪八戒、沙悟浄をひきつれて、天竺へ苦難の旅をする求法僧として日本でも人気が高い。玄奘三蔵絵は、弟子慧立の著した根本的伝記である『大慈恩寺三蔵法師伝』をもとに、玄奘の言動を詞と絵によって説話的に列挙して、全12巻76段になった大作である。主にインドへの求法の旅に重点が置かれ、中国に戻ってから訳経に専念従事する後半生は、巻10〜12で付加的に扱われている。絵は細部にわたって綿密精緻な筆づかいで描かれ、人々の表情もそれぞれ細やかに表現豊かに描写されている。各場面の情景も、人々の群像、建物、樹木、草花が巧みに配置された落ち着いた空間構成で、作者の優れた技量がうかがえる。近世末期頃まで興福寺の大乗院に連綿と大切に伝えられた寺宝だったが、寺外に流出し、藤田美術館の所蔵となった。

◎ **大坂夏の陣図（おおさかなつのじんず）**　大阪市の大阪城天守閣で収蔵・展示。江戸時代前期の絵画。復元された大阪城内部でレプリカが展示され、ミニチュアや映像を使って屏風の場面を詳しく解説している。1615年大坂夏の陣を描いた六曲一双の屏風絵で、徳川方として参戦した黒田長

政が戦勝記念に描かせたとされ、旧福岡藩主黒田氏に伝来した。戦場を俯瞰するように、右隻には5月7日最後の決戦の開幕間もない展開を、左隻には大坂城落城後の悲惨な情景を描いている。さまざまな戦闘場面によって構成され、人物5,071人、馬348頭、幟1,387本、槍974本、弓119張、鉄砲158挺が細かく描き込まれている。近くで見ると、個々の生々しい戦闘を目の当たりにするような感じを受ける。戦いを描いた絵画は、平安時代末期に合戦絵巻が登場して中世に流行し、近世になると屏風に描かれるようになった。合戦屏風は、一般に闘う武士たちの場面で構成されているが、大坂夏の陣図では落城後の略奪や逃げまどう人たち、連行される女性など一般民衆の錯乱した姿も描かれ、戦争の実態を忠実に伝えている。

◎大工頭中井家関係資料

大阪市の大阪くらしの今昔館で収蔵・展示。江戸時代の歴史資料。江戸時代に幕府の京都大工頭を、中井正清（1565～1619年）から中井正居（1835～1900年）まで10代務めた中井氏に伝来した建築資料である。天下統一そして平和な時代を迎えて、財源も豊かだった頃に巨大な建造物が次々に建てられた。中井氏は二条城、伏見城、江戸城、駿府城、名古屋城、知恩院、増上寺、名古屋城、方広寺大仏殿、東照宮、徳川再建大坂城、東寺五重塔、長谷寺本堂、高野山大塔など江戸時代初期の著名な建造物の造営を任され、また京都御所の内裏再建などにも深く関与した。中井氏の資料は文書・記録類、指図・絵図類、典籍類、書画・器物類に大別され、5,195点が重要文化財に指定されている。例えば図面については、多数の城の建築指図（設計図、見取り図）、天皇の即位・大嘗祭・葬送の儀式図、寺社の図面、庭園絵図など多岐にわたる。綺麗に細かく彩色された図も多く、絵画的美しさもうかがえる。中井氏の関係した建造物は、現在国宝／重要文化財となっているものが多数あり、中井氏の資料は日本建築史研究に欠くことのできない重要なものである。

●油滴天目茶碗

大阪市の大阪市立東洋陶磁美術館で収蔵・展示。中国／南宋時代の工芸品。中国の南宋時代に福建省の建窯で焼かれた茶碗で、鎌倉時代に日本へ運ばれたと推測されている。低く小さい高台から斜めに直線状に立ち上がり、口縁の少し下で内側にひねり返す。口縁には金の覆輪をめぐらす。力強い器形で、内外に黒釉が厚くかかる。油滴とは、円形の小さい銀色結晶斑が黒釉の器面全体に多数浮いているので、それらを油の滴りと見立てて日本で名づけられた。黒色

I　歴史の文化編　　25

の中に細かい小泡が幻想的に広がっているように見える。この茶碗は古来権勢家に珍重され、関白豊臣秀次、西本願寺、京都六角の三井氏、旧若狭藩主酒井氏に来歴し、戦後になって安宅コレクションの所蔵となった。安宅コレクションは安宅産業株式会社2代社長安宅英一が収集し、東洋古陶磁器、特に朝鮮陶磁器の優れたコレクションとして有名である。1977年に安宅産業が経営破綻すると、安宅コレクションの散逸を惜しむ声が高まり、住友グループ21社が資金を集めて大阪市に寄付し、その寄付金で大阪市がコレクションを購入した。東洋陶磁美術館も住友グループの拠出した文化基金で建てられた。

●慈眼院多宝塔

泉佐野市にある。鎌倉時代前期の寺院。多宝塔は二重屋根の塔で軸部下層が方形、上層が円形をしている。密教の盛行とともに、平安時代以降につくられるようになった。慈眼院の多宝塔は方3間で檜皮葺である。1271年の墨書が発見されたので、滋賀県の石山寺多宝塔、和歌山県の金剛三昧院多宝塔に次いで古いとされている。石山寺と金剛三昧院の多宝塔軸部下層が3間5m以上あるのに対して、慈眼院は同じ3間でも2.69mしかなく、規模が小さい。しかも高い基壇、高い縁のために細長い印象を受ける。内部構造も前2者と異なり、四天柱（中心となる4本の柱）を設けていない。多宝塔が小型・簡略化する傾向を、慈眼院多宝塔は見せている。慈眼院は隣にある日根神社の神宮寺で、付近一帯は1234年に成立した九条家領荘園の史跡日根荘遺跡である。中世荘園に関する膨大な量の古文書、鎌倉時代の姿を描いた絵図（和泉国日根野村絵図）、前関白九条政基の詳細な滞在日記『政基公旅引付』などが残されている。

●観心寺金堂

河内長野市に位置する。室町時代前期の寺院。観心寺は、京都から高野山へ向かう東高野街道と、堺からの西高野街道が合流する交通の要衝に建てられた高野山真言宗の寺院である。金堂は桁行7間、梁間7間の大堂で、内部は内陣と外陣に分かれている。建立された年代は1378年頃と推定され、和様に、大瓶柄や海老虹梁、桟唐戸など禅宗様の特徴が組み入れられて、折衷様という建築様式で建てられている。本尊は平安時代初期に制作された如意輪観音坐像で、本尊を安置する須弥壇前面の左右板壁に、金剛界、胎蔵界の両界曼荼羅が描かれている。

観心寺には国宝／重要文化財が多い。霊宝館には重要文化財に指定され

た平安時代の仏像がずらりと並んでいる。883年に寺院の歴史と財産目録を書き記した観心寺縁起資財帳があり、また奥州藤原氏が中尊寺に奉納した中尊寺経金銀字経・金字経という装飾経もある。観心寺の支院の中院は楠木氏の菩提寺といわれ、南朝と関係が深かった。そのため楠木正成の書状も、観心寺文書の中に残されている。楠木正成は三重塔の建立に着手したが、完成する前に湊川の戦いで戦死した。そのため三重塔の建設は途中でとん挫し、初重（1階部分）のまま中途半端な形で後世に伝わり、現在は重要文化財となっている。この塔は俗に建掛塔と呼ばれ、方3間宝形造、茅葺の建造物である。

◎大阪府立図書館

大阪市北区中之島公園にある。明治時代の文化施設。1904年に15代住友吉左衛門の寄付によって建造された図書館である。1876年に大阪書籍館が設立されたが、1888年に廃館となり、1890年に大阪府で図書館設立が計画された。住友吉左衛門が建物20万円と図書5万円の費用を寄贈して、住友の建築技師長野口孫一の設計で建てられた。当初は平面十字型の本館だけであったが、1922年に再び住友氏の寄付によって左右両翼が増築された。レンガおよび石造の3階建で、屋根は銅板葺である。外観はネオ・クラシック様式で、正面玄関に4本の太いコリント式円柱がそびえ立つ。内部空間はバロック様式を基本に、中央ホールは円形ドームの屋根となっている。玄関から中央ホールに入ると、正面に上り階段がある。階段は中段から左右へ分かれて螺旋階段となり、正面中段の壁には大きな銅板の建館寄付記が掲げられている。1923年に住友氏から、自然科学、工学関係の洋書21,563冊が寄贈された。そのほか貴重な古典籍も多く収蔵されている。100年以上も前に建てられた図書館が、当時の姿のまま、現在も変わることなく機能しているのは珍しい。なお中之島は大阪の官庁街を形成し、公共建造物が多数建てられた。今でも府立図書館に隣接して、株仲買人だった岩本栄之助の寄付で、1918年に竣工した鉄骨レンガ造3階建の大阪市中央公会堂が残されている。

Ⅰ　歴史の文化編　　27

☞ そのほかの主な国宝／重要文化財一覧

	時　代	種　別	名　　称	保管・所有
1	縄　文	考古資料	◎国府遺跡出土品	関西大学
2	弥　生	考古資料	◎東奈良遺跡出土銅鐸范関係遺物	茨木市立文化財資料館
3	古　墳	考古資料	◎修羅・梃子棒／三ツ塚古墳出土	近つ飛鳥博物館
4	古　墳	考古資料	●金銅透彫鞍金具	誉田八幡宮
5	飛　鳥	彫　刻	◎金銅弥勒菩薩半跏像	野中寺
6	飛　鳥	工芸品	●七星剣	四天王寺
7	奈　良	典　籍	●大般若経（薬師寺経）	藤田美術館
8	奈　良	考古資料	●金銅石川年足墓誌	大阪歴史博物館
9	平　安	彫　刻	●木造如意輪観音坐像（金堂安置）	観心寺
10	平　安	彫　刻	●木造薬師如来坐像（本堂安置）	獅子窟寺
11	平　安	彫　刻	●木造十一面観音立像（本堂安置）	道明寺
12	平　安	工芸品	●銀装革帯、他5点（伝菅公遺品）	道明寺天満宮
13	平　安	書　跡	●小野道風筆三体白氏詩巻	正木美術館
14	平　安	典　籍	●延喜式	天野山金剛寺
15	平　安	古文書	●観心寺縁起資財帳	観心寺
16	鎌　倉	絵　画	●紙本著色後鳥羽天皇像（伝藤原信実筆）	水無瀬神宮
17	鎌　倉	絵　画	◎紙本著色伊勢物語絵巻	久保惣記念美術館
18	鎌　倉	工芸品	●塵地螺鈿金銅装神輿	誉田八幡宮
19	鎌　倉	書　跡	●大燈国師墨跡（渓林偈　南嶽偈）	正木美術館
20	南北朝	絵　画	◎版画融通念仏縁起（明徳版）	大念仏寺
21	南北朝・室町	古文書	◎紙本墨書楠家文書	久米田寺
22	室　町	絵　画	●紙本墨画柴門新月図	藤田美術館
23	室　町	絵　画	◎紙本著色大江山絵詞	逸翁美術館
24	室　町	典　籍	●観心寺縁起	観心寺
25	安土桃山	絵　画	◎紙本金地著色南蛮人渡来図	大阪城天守閣

（続き）

	時代	種別	名称	保管・所有
26	桃山	絵画	◎絹本著色千利休像	正木美術館
27	桃山	絵画	◎紙本金地著色四季花鳥図（狩野宗秀筆）	大阪市立美術館
28	桃山	工芸品	◎織部四方手鉢	湯木美術館
29	桃山	工芸品	◎花鳥蒔絵螺鈿櫃	逸翁美術館
30	江戸	絵画	◎本堂障壁画	大安寺
31	江戸	典籍	◎契沖著述稿本類	円珠庵
32	中国／唐	典籍	●説文木部残巻	杏雨書屋
33	中国／南宋	工芸品	●青磁鳳凰耳花生（銘万声）	久保惣記念美術館
34	朝鮮／高麗	工芸品	◎高麗青磁象嵌牡丹唐草唐子文水注	大阪市立東洋陶磁美術館
35	平安後期	寺院	◎金剛寺多宝塔	金剛寺
36	鎌倉後期	寺院	●孝恩寺観音堂	孝恩寺
37	鎌倉後期	神社	●桜井神社拝殿	桜井神社
38	室町前期	石塔	◎五社神社十三重塔	五社神社
39	室町中期	神社	◎建水分神社本殿	建水分神社
40	桃山～江戸中期	寺院	◎叡福寺	叡福寺
41	江戸前期	寺院	◎海会寺本堂、庫裏及び門廊	海会寺
42	江戸前期	寺院	◎普門寺方丈	普門寺
43	江戸前期～末期	寺院	◎富田林興正寺別院	富田林興正寺別院
44	江戸前期	民家	◎旧杉山家住宅（富田林市富田林町）	富田林市
45	江戸中期	住宅	◎旧泉家住宅（旧所在 豊能郡能勢町）	日本民家集落博物館
46	江戸後期	神社	●住吉大社本殿	住吉大社
47	明治～大正	住居	◎旧西尾家住宅	吹田市
48	明治	産業	◎旧造幣寮鋳造所正面玄関	大阪市
49	明治	文化施設	◎泉布観	大阪市
50	昭和	交通	◎大江橋及び淀屋橋	国（国土交通省）

Ⅰ　歴史の文化編　29

大坂城天守

城郭

地域の特色

　大阪府は摂津・河内・和泉の3か国からなる。大坂城は特に有名で、近世西日本統治のため徳川政権も城代を置き、畿内と西日本の外様大名を監視した。古代では西日本の対馬から大宰府を経由し、瀬戸内海の沿岸もしくは島々を経由し、高安城に送られ、奈良もしくは難波京に至る狼煙制があった。難波京は後の大坂城の南に隣接して構えられていた。

　中世に入り御家人が公領、荘園へと武力を背景に入り込み、館を営み、次第に警固のみならず武力をもって荘園・国衙領を支配し、武士が発生する。
　収穫余剰穀物などを手中として武士たちは強大となり、その分配をめぐり争うことになる。武力が強大となると、新たに荘園・国衙領のほか耕作地を開拓し、一族を配置した。河内の金剛山を中心地として谷々を開拓した楠木氏一族、さらにその一族楠木正成が鎌倉末期に金剛山系に築いた千早城、上赤坂と下赤坂、龍泉寺城などはその代表で、ゲリラ戦を意識とした。

　鎌倉末になると、悪党と呼ばれる武士が徒党を組んで現れる。悪党は山城を築き、物資を貯蔵した。かくて山城が畿内の山々に多く現れた。悪党は惣領制武家社会の次男・三男で組織された。悪党は後醍醐帝を担ぎ各地の山岳寺院を山城として楯籠り、幕府軍と戦った。その後の山城の立地、縄張は山岳寺院のプランを踏襲しているのだ。

　室町・戦国時代にはおよそ250余りの城が府内に築かれた。著名な城に飯盛山城、岸和田城、土丸城、池城、茨木城、芥川城がある。戦国時代になると、大阪平野に点在する古墳を利用した城が現れる。小山城、高屋城が典型で、大坂城本丸は諸点と構成プランから巨大な前方後円墳を利用したとみられる。

　戦国期の代表的な築城に大坂城の前身たる真宗寺院の石山本願寺がある。また、豪商たちがつくった環濠都市を堺と平野郷で築いている。

　近世では大坂城のほか岸和田城・高槻城・茨木城が存城するが、茨木城

は元和2（1616）年に破却された。

主な城

赤坂城
あかさか

所在 南河内郡千早赤阪村森屋（下赤坂）／桐山（上赤坂）
遺構 土塁、空堀

　ひと口に赤坂城といっても二つの城がある。一つが上赤坂城、もう一つが下赤坂城である。上赤坂城は下赤坂城の詰の城ともいうべき存在で、千早城とともに最後の拠点ともいえる山城だった。

　元弘元（1331）年の折、後醍醐天皇が笠置山城にあって旗上げした折、楠木正成はこれに応じ笠置山に籠った。鎌倉幕府の軍は笠置山を総攻撃し、これを落とすが、正成は密かに笠置山を抜け、にわかに赤坂城を取り立て幕府軍に対した。笠置攻略の余勢をかった幕府軍は赤坂城に押し寄せるが、護良親王を奉じた正成以下の兵は強く、持久戦へと転じた。が、幕府軍が食糧攻めに出たため、正成は、夜闇に城を脱出した。この折、兵はことごとく自刃したと見せかけ、幕府軍の包囲から逃れたという。以上の城が下赤坂で、今も本丸、二の丸、三の丸という削平地が存する。

　翌年、正成は下赤坂城を奪回、山上に上赤坂城を構え、平野将監を置いて守らせた。翌元弘3（1333）年、幕府軍は8万余（8,500とも）の軍勢をもって上赤坂城を攻め、一の木戸から四の木戸まで破ったが、守りは堅かった。幕府軍は坑道を掘って上赤坂を落としたが、またもや正成は落ちのびた。

　現在、上赤坂城は本丸、二の丸の削平地と、茶碗原という平地、井戸谷という水の平が存している。

大坂城
おおさか

別名 錦城、金城　**所在** 大阪市中央区大阪城　**遺構** 櫓、城門、石垣、堀、復興天守　**史跡** 国特別史跡

　明応5（1496）年本願寺8代蓮如は新しい隠居所として、石山の地に坊舎を営むが、西国への真宗布教拡張が秘められていた。石山とは台地の北端、後の大坂城の城地である。天文元（1532）年、山科本願寺が焼討ちされると、大坂御坊は真宗本山の石山本願寺となる。寺域は方八町といわれ、中央に大伽藍を営むだけでなく、周囲に塀や堀が廻らされる城＝寺内町であった。織田信長は苦戦の末、本願寺を紀伊鷺の森に移し、その跡を池田信輝に守らせていたが、本能寺の変に倒れ、やがて豊臣秀吉は同地に大坂城を築く。蓮如と信長、秀吉を比べると、軍事の差こそあれ、大坂の地の利、南に自

Ⅰ　歴史の文化編　　31

治都市堺の富を控えることに三者の共通着眼点がある。

天正11（1583）年、柴田勝家を滅ぼした秀吉は築城を開始した。浅野長政と増田長盛が奉行となり、30余国の諸大名が参加、本丸、二の丸の規模は先の石山本願寺を踏襲したといってよい。翌年8月、五層八階の天守は建ち、全城完成には3年半が費やされた。

天守の内部は金箔で飾られ、軒瓦にも金箔を用い、秀吉の桐紋が輝いていたという。こうしたことが、金城、錦城の別名につながる。

しかし、秀吉が在城したのは数年にすぎず、文禄元（1592）年には伏見城を築いて移った。朝鮮出兵の講和使節を迎えるにあたり、伏見城が慶長地震（1596）で崩壊したため、大坂城で会見が行われた。慶長3（1598）年秀吉は伏見城に没し、子の秀頼は大坂城に在城した。同19（1614）年、徳川氏との間で大坂冬の陣が起こり、いったん、和議が成立して堀は埋められた。翌元和元（1615）年夏の陣にはほぼ全ての堀が埋められたため籠城戦ができず、野戦となって真田幸村はじめ有名な武将が次々と戦死。5月7日、秀頼の近臣、大隅与左衛門が大台所に放火、火はまたたくうちに城内に燃え広がり、秀頼は糒蔵の中で淀殿、大野治長、真田大助らとともに自刃した。このとき、石見津和野城主坂崎出羽守が家康の命によって、秀頼の妻千姫を救出したのはよく知られるが、出羽守と懇意な、大坂方の堀内主水が千姫を出羽守のもとへ伴ったという話もある。

この戦に参加した徳川方は大名、旗本296家、討ち取った大坂方の首級は1万4629人、雑兵の戦死者を加えて2万以上と伝える大規模な戦であった。

落城後、大坂城は松平忠明に与えられるが、元和5（1619）年忠明を大和郡山に移し、翌6（1620）年から10年を費やして大修築が行われた。修築といっても、埋没した豊臣大坂城の上に徳川大坂城を築く形となった。

天守は寛永3（1626）年、小堀遠州による五層五階穴蔵一階のものが完成したが、寛文5（1665）年1月、雷火により焼失した。今の復興天守は徳川時代につくられた天守台の上に豊臣（桃山）式天守の姿を再現したものといえる。忠明移封後は幕府直轄として城代が置かれていた。

岸和田城
きしわだ

別名 千亀利城、蟄亀利城　**所在** 岸和田市岸城町　**遺構** 石垣、堀、模擬天守

この地は、建武年間（1334〜36）に楠木正成が摂、河、和三国の守護になると一族の和田高家に築かせたという伝承があるが、同時期に岸和田治氏

という人物が同じく楠木氏配下に確認されている。貞和2（1346）年4月23日付、足利直義の名をもって和田氏の本領、和泉岸和田庄を寄進しているのが地名の初見である。同時に山名氏清が和泉守護となって信濃泰義を入城させた。

　元亀元（1570）年頃から、松浦肥前守、寺田又右衛門、松浦安太夫など岸和田衆と呼ばれる松浦一族が拠ったが、この頃までが岸和田城の前史で、城は現城地の東北300mの所にあった。

　天正3（1575）年石山本願寺が信長との対決を強いられると、紀伊雑賀、根来の一向宗徒1万余は和泉に入り、各所の要害に拠って本願寺と呼応した。信長は大軍を率いて各地を平定したが、紀伊における残存勢力に強固なものがあり、これに備えるため蜂屋頼隆を岸和田城に入れた。

　本能寺に信長が倒れ、これに替わる秀吉が、信長の子信雄と徳川家康の連合軍が尾張小牧山に対戦した天正12（1584）年、この間隙をぬって根来、雑賀の宗徒は大軍を和泉に進出させ、岸和田城を包囲した。城将中村一氏は静かに戦機の熟するを待っていたが、部下が打ち出たことで一氏は出撃を命じた。根来勢は敗退したが、堺に向かった根来勢が加勢に加わった。しかし、大坂城の留守を預かる黒田長政は、手兵を率いて馳せつけ、根来勢を挟撃して勝利を得た。その後、根来勢は再び和泉に進出、千石堀、積善寺、沢、貝塚、木島、畠中などに砦を築いて岸和田城攻撃をねらっていた。翌13（1585）年、秀吉は10万と称する大軍を率いて和泉に入り、これらの諸砦を陥れ、さらに根来の本拠、根来寺を襲って潰滅させた。この天正12、3年の戦を根来騒動と呼び、一時的ではあったが岸和田城下は焼かれ、破壊されている。天正13（1585）年7月、一氏は近江水口城に移され、小出秀政が入城、同15（1587）年から慶長3（1598）年にかけて城は修築され面目を一新した。秀政は秀吉とは姻戚関係にあったからか、許されて初めて天守を建てた。現在の復興天守は三層の連結天守であるが、秀政の天守は五層であった。天守は文政10（1827）年雷火に焼失した。小出氏は3代在城して、元和5（1619）年但馬出石に移封、替わって丹波篠山より松平康重が入城、康重は秀吉の外戚にあたる関係から伏見城の遺材を与えられ、城に移した。子の康英は城の外郭を築いた。寛永17（1640）年松平氏は播磨山崎に移封、替わって摂津高槻より岡部宣勝が入城、城の修築を行った。以後、岡部氏が12代続き明治に至った。

木津城　_{きづ}　所在　大阪市西成区出城

　石山本願寺の支城の一つである。今の願泉寺を中心として木津総門徒が設けた。織田信長の石山本願寺攻めの際、海上より木津川をさかのぼり、本願寺に兵糧を運び入れるのに重要拠点となっていた。男子は昼間、槍や刀を持って野良仕事をし、女子は夜間の番を務めたという。竹の先を切り、水にひたして立てかけ、城内を守ったというから、多数の竹槍が用意されたらしい。天正4（1576）年7月27日、毛利氏よりの船800が兵糧2万俵を積んで木津川に入ろうとして織田方と戦いとなった。織田方は各支城より兵を出し、木津のほか、本願寺側も打って出、激しく戦った。このときは本願寺側が勝利を得、兵糧は運び込まれた。城址の遺構はなく、出城という地名と公園が残るのみである。

狭山陣屋　_{さやま}　所在　大阪狭山市狭山　遺構　門（移築）

　天正18（1590）年秀吉の小田原征伐に、伊豆韮山城主北条氏規は徹底抗戦を期していたが、本家の泣訴で開城した。秀吉はその勇を賞して河内に若干の領を与えた。

　後に北条氏直が高野山に蟄居して没し、氏規も没すると、その子氏盛が北条氏を継ぎ、狭山1万石を領した。このため氏規を藩祖、氏盛を初代藩祖としている。このような外様の小藩が豊臣滅亡後、幕末まで命脈を保ち得たのは、氏直夫人が家康の娘であったことによるだろう。城は2代氏信が池尻村に居を移し、3代氏宗が狭山池に沿って陣屋および上級武士の屋敷町を完成。上屋敷と称した。5代氏朝になり狭山池から流出する東除川の対岸に馬場や武家屋敷を造り、下屋敷と称した。上屋敷にあった表門が堺市の本願寺別院に移築現存する。

高槻城　_{たかつき}　別名　久米路山龍ヶ城　所在　高槻市城内町　遺構　堀、門（移築）

　高槻城は、永禄年間（1558～70）に織田信長の謀計によって落城するまで、室町時代は入江氏代々の居城であった。入江氏滅亡後、信長は和田伊賀守惟政に与えた。惟政は近江甲賀郡の出、足利義昭に仕えていた。元亀2（1571）年惟政は摂津白井川に池田城主池田勝正と戦って戦死、子の愛菊（惟長）が継いだが、部将の高山飛騨守父子と争い、城を追われ、高山氏が

高槻城主となった。高山氏は摂津高山の出身と伝えられ、松永氏に属し、大和沢城にいたこともある。子の右近とともに切利支丹大名として知られ、城内に教会、宿院を建て、宣教師を招いた。天正10 (1582) 年本能寺の変後に安土の学校を高槻に移した。当時、近畿における布教は安土、京都、高槻が中心となっていた。同13 (1585) 年、高山氏は播磨船上城に移された。切利支丹禁令はこの2年後である。文禄2 (1593) 年に新庄直頼が入城したが、直頼は関ヶ原の戦いで西軍に属したため、会津に配流、高槻城は幕府直轄となった。大坂の陣には石川忠聡がいち早く守りにつき、徳川方の兵糧を日夜輸送した。大坂落城後、近江長浜より内藤信正が入城、本丸・二の丸整備した。信正の伏見城代転出後、土岐定義が入城、再び修築を行った。定義の子頼行は幼少のために旧領下総守谷に移封、その後、松平、岡部、松平氏を経て、山城勝龍寺城より永井直清が入城、城や城下町の整備拡張が行われ、以後、220年余、永井氏が代々居城して明治に至った。城は本丸、二の丸、三の丸、出丸からなり、本丸と二の丸の大部分は石垣を用いたが、ほかは土塁であった。天守は三層、隅櫓6、城門11で、そのうち東大手門は伏見城よりの移築と伝えている。

千早城
別名 楠城　**所在** 南河内郡千早赤阪村　**遺構** 土塁、空堀　**史跡** 国指定史跡

　元弘元 (1331) 年、後醍醐天皇を中心とする建武中興をめざす義勇軍は、まず笠置山にて旗上げするが、大挙押し寄せる鎌倉幕府の軍勢に攻められた。楠木正成も赤坂城を逃れて、後醍醐天皇は捕えられ隠岐へ流され、散り散りになってしまう。

　翌2 (1332) 年、突如、正成は金剛山より古市の谷に至るまで点々と城砦を構え、これに籠った。この一連の城砦の総指揮を兼ねた「詰の城」が千早城である。まず第一防備を古市に置き、さらに東方平岩砦、弘川砦、西に竜泉寺城、下赤坂城、最尾線として川辺城、上赤坂城を配するもので、この築城方法が後世、戦国期を迎えて、大いに活用される。

　さて、元弘3 (1333) 年、幕府軍は数万の軍勢を率いて怒濤のごとく押し寄せ、上、下両赤坂城を落とし、さらに周辺の諸城砦もことごとく落とし、最後の拠点千早城へと軍を進めた。有名な千早城攻防戦を『太平記』は興味深く描いている。誇張も多いとされているが紹介する。

　「高さ二丁ばかり廻り一里にならぬ小城なれば、何程のことがあるべき」

I　歴史の文化編　　35

と幕府軍は千早城へよじ登ったが、正成の軍は慌てず、幕府軍を十分に引き寄せてから、塁上より大石、大木を次々と落とした。さらに一重に見せかけた城壁は実は二重になっていて外側をつないでいる。綱を切ると、外側の壁が倒れて、幕府軍は一日に兵5、6千も谷に落ちたと伝える。また、幕府軍が兵糧攻めに入ると正成は、藁人形に甲冑を着せ、兵杖を持たせ、城の麓に並べ、幕府軍の目から逃れて城を守った。しかし、正成なき後、元中9（1392）年白井弾正によって攻め落とされ、61年のその歴史を終える。

地黄城 （じおう）

別名 丸山城、能勢城、地黄陣屋　**所在** 豊能郡能勢町地黄
遺構 石垣

　長元年間（1028〜37）に源頼光の子頼国が入部、能勢氏を称して、丸山に築城したと伝える（丸山旧城）。天正7（1579）年織田信長の力が北摂に及び、山下城主塩川伯耆守は信長に従い、能勢頼道にも臣従を進めた。応じなかった頼道は山下城で殺され、塩川氏との間で戦が始まる。頼道の弟頼次はよく戦ったが、信長を背景とする塩川氏には抗し得なかった。この頃、頼次は明智光秀と結んでいて、本能寺の変後、秀吉の来攻の危機が迫った。秀吉と一戦の気構えも断念し、頼次は浪々の身となる。その後、関ヶ原の戦いに功あって頼次は復帰。慶長7（1602）年山上の城を廃して麓の地黄に新城を築いた。単郭の陣屋であるが、周囲は屈曲のある石垣と堀が廻り、西側中央の大手門は枡形虎口となり、残存する絵図には北隅に3層櫓がみられることから、地黄城と呼ばれる。かくて能勢氏は小藩ながら交替寄合衆（参勤交代を許され、大名に準じる旗本の家格）として明治まで続いていく。

戦国大名

大阪府の戦国史

　室町時代の河内国の守護は畠山氏で、持国は管領にもなったが、持国の養子となった政長と晩年の実子義就の家督争いが起き、義就系の総州家と、政長系の尾州家の2流に分裂。両家の争いは近隣の国衆を巻き込み、さらに将軍家や細川氏の家督争いとも絡んで応仁の乱へと発展した。

　文明5年 (1473)、山名持豊・細川勝元が相次いで死去したことで京での戦乱は沈静化したが、家督争いに敗れた畠山義就が京から河内に下向したことから、河内では政長との争いが続き、大和や山城まで巻き込んで戦闘が続いた。

　明応2年 (1493) 将軍足利義材 (のち義稙) は、義就の跡を継いだ総州家の基家 (のちの義豊) 討伐軍を起こしたが、管領細川政元が足利義遐 (のち義澄) を将軍に擁立したため義材は降伏、尾州家の畠山政長は自害して畠山氏の内紛は決着した (明応の政変)。

　こうした畠山氏の内紛が続く間、和泉・摂津の守護をつとめていた細川氏が勢力を伸ばしたが、管領となって強大な力を持った政元に実子がなかったことから内紛となり、これに介入するために領国の阿波から軍勢を率いて畿内入りした家臣三好氏が台頭してきた。

　また、一向一揆は石山本願寺を本拠としてその勢力を広げ、天文元年 (1532) には畠山義堯を攻めて自害させ、河内畠山氏が滅亡した。さらに、三好元長 (長慶の父) も一向一揆と戦って敗死している。

　一方、堺では会合衆による自治が行われていた。しかし、永禄12年 (1569) に三好三人衆が織田信長に敗れ、ついに堺も信長に屈した。そして、天正8年 (1580) には石山本願寺から顕如が退去して紀伊に転じ、河内・和泉は信長の版図に入った。

Ⅰ　歴史の文化編

主な戦国大名・国衆

安威氏　摂津国島下郡の国衆。同郡安威荘（茨木市）を本拠とし、同地の古代豪族藍氏と関係があるか。室町時代末期に摂津守護細川氏より安威荘惣領職を安堵されており、永正年間（1504〜21）には弥四郎が安威城（茨木市安威）を築いた。安威城は大永6年（1526）に細川晴元に敗れて落城、その後は三好長慶に従い、天正14年（1586）に五左衛門が豊臣秀吉の命で茨木城に転じた。

芥川氏　摂津国島上郡の国衆。同郡芥川（高槻市）を本拠とする。桓武平氏。「芥河」とも書く。鎌倉時代初期に幕府の御家人となったとみられる。鎌倉時代末期には、周辺の岡氏、奴可氏などを被官化、さらに北摂の有力御家人であった真上氏と姻戚関係を結んだ。真上本家が六波羅探題とともに滅亡すると、芥河信時は真上庶子家の信貞を養子に迎えて真上氏を吸収、室町時代には幕府の御家人となり、摂津を代表する国人に成長した。応仁の乱では東軍の細川勝元に属して敗れ、芥川氏は一旦滅亡。その後、一族の芥川信方が再興して三好之長に属したが、永正5年（1508）堺で細川高国に討たれた。また、細川澄元に属した芥川豊後守も阿波に奪出中に船が沈没して死去し、芥川氏は滅亡した。

池田氏　摂津国豊島郡の国衆。室町時代には充政は摂津国の細川氏諸荘園の代官をつとめていた。やがて摂津国豊島郡の池田城に拠る国人領主として成長、応仁の乱では東軍に属した。永正5年（1508）貞正は細川高国と澄元の内紛に巻き込まれ、一族・足軽とともに池田城に火をかけて自刃している。その後、久棟は池田氏を再興、永禄11年（1568）勝正のときに織田信長に降り、摂津三守護の一人となった。しかし、内紛で没落して荒木村重の配下となり、その後は豊臣秀吉に仕えた。

茨木氏　摂津国島下郡の国衆。茨木城（茨木市）に拠り、細川氏の被官であった。天文年間（1532〜55）長隆が細川晴元に従って管領代となる。享禄4年（1531）には三好元長、木沢長政らとともに細川高国を滅ぼし、天

文元年（1532）には三好政長と結んで三好元長を討っている。しかし、同18年に三好政長が三好長慶に敗れて没落した。一方、三好長慶に従っていた茨木佐渡守は、永禄11年（1568）織田信長に降る。元亀元年（1570）三好三人衆とともに挙兵したが、中川清秀に討たれて滅亡した。

入江氏　摂津国高槻の国衆。駿河入江氏の一族が、足利尊氏の命で嫡男のなかった高槻城主（近藤氏とも高槻氏ともいわれる）の婿として入ったのが祖で、以後高槻城は入江城とも呼ばれた。大永以来の城主とみられる入江駿河守春正は、天文18年（1549）細川氏綱と晴元との合戦のとき三好長慶らとともに氏綱方に属し、弘治3年（1557）京都で討死した。子春継（春景とも）は、永禄11年（1568）の織田信長入京、および摂津三好攻略の際に、いずれも三好氏に与して敗れ、信長に降って安堵された。しかし、翌12年に三好氏一族が京都本圀寺を急襲した際には、再び三好氏のために西国街道で池田・伊丹両氏の軍を迎え撃って敗れ、同年京で自害させられ滅亡した。

三ヶ氏　河内国讃良郡の国衆。「三箇」とも書く。藤原北家秀郷流で、佐藤忠信の末裔と伝える。戦国時代、頼照は三箇城（大東市三箇）に拠り、キリシタン大名として知られた。永禄6年（1563）に三好三人衆に追われて堺に逃れたが、同9年には三箇城に復帰。フロイスらの書簡集によると、頼照は河内キリシタン信徒の保護や慈善事業に奔走し、孤児の父、寡婦の保護者と称賛されている。天正元年（1573）若江城主三好義継が敗死すると織田信長に仕え、同5年本願寺の一向一揆に敗れて落城した。子頼連は本能寺の変で明智光秀に属して没落。

高山氏　摂津の戦国大名。高槻城主。出自不詳。高山飛騨守（図書、友照ともいわれる）は松永久秀に属し、永禄6年（1563）京都でキリスト教に帰依。天正6年（1578）、荒木村重が織田信長に叛旗を翻した際には従ったが、子右近（重友）は信長の誘いに応じて降り、高槻城を安堵された。右近は領内でキリスト教の布教に尽くし、高槻はキリスト教の重要な拠点となっている。天正10年（1582）の山崎合戦では豊臣秀吉に属して高槻4万石を安堵。以後各地を転戦し、同13年には播磨明石に転じたが、改宗を拒

I　歴史の文化編　39

否して明石城を没収された。慶長19年（1614）の禁教令でも改宗せず、呂宋に追放された。

玉井氏　和泉国和泉郡の国衆。同郡千原（泉大津市千原町）の有徳人の出で千原氏を称していたが、のちに国人化して玉井氏を名乗った。室町幕府の奉公衆にも玉井氏があり、一族ともみられる。戦国時代は千原城に拠り、玉井壱岐守行家（源秀）は細川氏綱に与していた。のち加藤光泰に仕え、江戸時代は伊予大洲藩士となった。

津田氏　河内国交野郡の国衆。橘姓で楠木正成の子孫という正信が津田氏を称したのが祖。正信は延徳2年（1490）頃に津田城（枚方市津田）を築城した。3代目正明は三好長慶に従い、交野郡と茨田郡で1万石を領していた。長慶没後は三好三人衆に属し、永禄11年（1568）松永久秀に従った。天正3年（1575）正明の子正時のときに織田信長に敗れて落城した。

中川氏　摂津国島下郡の国衆。清和源氏頼光流という。建武年間に清深が摂津国豊島郡中川村（大阪市生野区）に住んで中川氏を称したのが祖で、8代後の清村の嫡男清照が桂川で戦死したために高山重利の二男重清を養子とし、その子が清秀であるという。なお名字の地は摂津国島下郡中河原村（茨木市）、あるいは摂津国豊島郡中川原村（大阪府池田市中川原）ともいわれる。戦国時代は摂津国島下郡の茨木城（茨木市）城主で、清秀は池田勝正に属していた。のち織田信長に仕えて荒木村重に従い、4万石を領した。その子秀政は豊臣秀吉に仕えて播磨三木城に拠り、文禄3年（1594）豊後岡7万石に移った。文禄の役に出陣したが、鷹狩の際に敵兵に囲まれて討死した。秀政の弟の秀成は関ヶ原合戦では東軍に属し、豊後岡藩主となった。

能勢氏　摂津国能勢郡の国衆。清和源氏頼光流。山県国直の子国基が能勢郡田尻荘（豊能郡能勢町）の地頭となって能勢氏を称したのが祖。室町時代は北摂の有力国人に成長、細川氏の被官でもあった。延徳2年（1490）頼則が細川政元によって初代芥川城主となる。関ヶ原合戦の際頼次は東軍に属し、江戸時代は旗本となった。

畠山氏
（はたけやま）

足利将軍家一門。平姓畠山氏の滅亡後、重忠の妻（北条時政の娘）は足利義兼の子義純に嫁ぎ、以後義純は畠山氏を称して、その旧領を領し、子泰国は関東御家人として活動した。南北朝時代は足利氏に属し、室町時代には河内畠山氏と能登畠山氏に分裂した。河内畠山氏は基国が明徳2年（1391）山名氏清を討ち（明徳の乱）、応永5年（1398）には幕府の管領となった。満家・持国は河内・紀伊・越中の守護を世襲したが、持国の養子となった政長と晩年の実子義就（義夏）の家督争いが起き、義就系の総州家と、政長系の尾州家の2流に分裂、この争いは応仁の乱の一因ともなっている。総州家の義就は家督争いに敗れたのち、金剛山を本拠に南河内を拠点とした。子義豊は河内誉田城に拠って尾州家と戦い明応8年（1499）戦死。一方、家督争いに勝った尾州家は河内・紀伊を支配した。しかし、政長は明応の政変で細川政元と争って敗死、子尚順は河内高屋城（大阪府羽曳野市）に拠って勢力を回復したものの、やがて遊佐氏、安見氏ら家臣の台頭で没落した。義豊の孫義堯は三好氏と結んだものの、天文元年（1532）一向一揆に攻められて自刃し滅亡した。戦国時代高政は織田信長に仕えたが、弟昭高は遊佐氏の謀叛によって自刃している。末裔は江戸時代に高家となっている。

細川氏
（ほそかわ）

室町幕府管領家。清和源氏。足利義康の子義清が三河国額田郡細川郷（愛知県岡崎市細川）に住んで細川氏を称したのが祖。足利尊氏の挙兵の際に従い、室町幕府の成立後は一族で8カ国の守護をつとめた。頼元は右京大夫となり、その唐名によって嫡流は京兆家と呼ばれた。子孫は摂津・丹波・讃岐・土佐の4カ国の守護を世襲し、管領をつとめた。勝元は三度管領に就任して山名持豊と対立、応仁の乱を引き起こして東軍の総帥をつとめた。その長男政元は10代将軍足利義植を将軍の座から追って義澄を11代将軍に擁立、以後幕府の実権を握った。16世紀に入ってからは家督をめぐる内紛が起こり衰退した。天文18年（1549）晴元が三好長慶に敗れ、嫡流は事実上滅亡。その後、三好長慶に擁立された氏綱が京兆家を継いだが実権はなく、晴元の子の昭元（のち信良）は織田信長に属したものの豊臣秀吉によって追放され、完全に滅亡した。

松浦氏
（まつら）

和泉国堺（堺市）の国衆。肥前松浦氏の一族とみられる。室町時

I　歴史の文化編　41

代には細川氏の和泉上守護家の守護代をつとめた。戦国時代も細川氏に属していたが、天文18年（1549）に三好長慶が細川晴元に叛くと、松浦守も三好氏に与して離反、岸和田城を拠点として三好氏のもとで和泉国を支配した。その後、一族が三好氏方と反三好氏方に分裂、反三好氏方の松浦虎は織田氏に属している。

三宅氏 （みやけ）

摂津国島下郡の国衆。平安末期から三宅荘にいた在地領主の末裔。室町時代には近衛家領の代官をつとめていた。戦国時代は三宅城（茨木市）に拠り、国村が細川氏の重臣として活躍。天文年間には細川晴国と結んで兄晴元と対立したが、同5年には晴国を自害させて晴元に帰参。同15年再び晴元に叛くが、翌年三宅城が落城。三好長慶に属して三宅城を回復したものの、永禄5年（1562）には三好長慶とも対立して敗れ、和泉国に逃れた。江戸時代は豊後岡藩士となった。

遊佐氏 （ゆさ）

河内守護代。「ゆざ」ともいう。藤原北家秀郷流で、名字の地は出羽国飽海郡遊佐郷（山形県飽海郡遊佐町）。畠山氏の被官となった経緯などは不明。南北朝時代に遊佐国重が畠山国清から伊豆守護代に任ぜられ、以後畠山氏のもとで各国の守護代や小守護代を世襲した。永徳2年（1382）畠山基国が河内守護となると、遊佐氏の嫡流は河内守護代を世襲、若江城（東大阪市若江）に本拠を置いた。戦国時代には畠山稙長・高政らの守護代遊佐長教が主家を凌駕して実権を握っている。のち高屋城に本拠を移したが、永禄3年（1560）三好長慶に敗れて落城。同11年織田信長によって畠山昭高が高屋城で南河内半国支配となり、遊佐氏は昭高と対立して抗争。天正3年（1575）三好康長に敗れて再び落城した。

和田氏 （わだ）

摂津の戦国大名。清和源氏。近江国甲賀郡和田荘（滋賀県甲賀市甲賀町和田）の武士で、足利義輝に仕えたという。永禄8年（1565）足利義昭が興福寺一乗院から脱出した際に、甲賀の和田惟政の館に逃れ、以後義昭の直臣となった。同11年に織田信長が上洛した際に、摂津高槻城主となった。キリスト教の保護者としても知られる。子維長は天正元年（1573）荒木村重に敗れて落城。関ヶ原合戦後は徳川家康に仕えた。

◎中世の名族

畠山氏
はたけやま

　足利将軍家一門。平姓畠山氏の滅亡後、重忠の妻（北条時政の女）は足利義兼の子義純に嫁ぎ、以後義純は畠山氏を称して、その旧領を領し、子泰国は関東御家人として活動した。南北朝時代は足利氏に属し、室町時代には河内畠山氏と能登畠山氏に分裂した。

　河内畠山氏は基国が1391（明徳2）年山名氏清を討ち（明徳の乱）、98（応永5）年には幕府の管領となった。満家・持国は河内・紀伊・越中の守護を世襲したが、持国の養子となった政長と晩年の実子義就（義夏）の家督争いが起き、義就系の総州家と、政長系の尾州家の二流に分裂、この争いは応仁の乱の一因ともなっている。

　総州家の義就は家督争いに敗れた後、金剛山を本拠に南河内を拠点とした。子義豊は河内誉田城に拠って尾州家と戦い、1499（明応8）年戦死。その孫義堯は三好氏と結んだものの、1532（天文元）年一向一揆に攻められて自刃し、滅亡した。

　一方、家督争いに勝った尾州家は河内・紀伊を支配した。しかし、政長は細川政元と争って敗死、子尚順は河内高屋城（羽曳野市）に拠って勢力を回復したものの、やがて遊佐氏、安見氏ら家臣の台頭で没落した。戦国時代高政は織田信長に仕えたが、弟昭高は遊佐氏の謀叛によって自刃している。

　1624（寛永元）年政信が徳川家康に召し出されて摂津国八部郡で300石を与えられ、子基玄は79（延宝7）年に奥高家となった。

I　歴史の文化編

◎近世以降の名家

青木家 <small>あおき</small>

摂津麻田藩（池田市）藩主。丹党青木氏の末裔というが不詳。青木一重は豊臣秀吉に仕え、豊臣家滅亡後は出家して宗佐と号していたが、末弟の可直が家康の旗本であった関係から再び召し出され、摂津麻田に1万2000石の大名として封ぜられたのが祖（後分知で1万石に）。以後、代々麻田藩主として続いた。1884（明治17）年に重義の時子爵となった。15代目信光は常陸松岡藩主中山信徴の四男で、97（同30）年に貴族院議員となり、以後昭和戦前期にかけて、貴族院の有力議員として活躍している。その子蕭は日本銀行の幹部、孫の淳一はダニの専門家として著名。

大林家 <small>おおばやし</small>

大林組創業家。河内国の出で、大坂・靱永代浜で大和屋と号し、淀川過書船の元締をつとめた林家の三男徳七が、幕末に独立して一家を興し、大和屋の「大」と名字の「林」を組み合わせて「大林」を名乗り、「大徳」と号して乾物問屋を創業したのが祖。維新後、大徳は人手に渡ったが、その三男芳五郎が1892（明治25）年に建設業を創業、1902（同37）年に大林組となった。18（大正7）年株式会社に改組。

岡部家 <small>おかべ</small>

和泉岸和田藩主。藤原南家で、駿河岡部氏の末裔。今川氏滅亡後、岡部正綱は人質時代の徳川家康と親しかったことから家康に仕え、子長盛は1590（天正18）年の関東入国の際に下総山崎（千葉県野田市）で1万2000石を領した。関ヶ原合戦では東軍に属し、1609（慶長14）年丹波亀山3万2000石に入封。大坂の陣後丹波福知山5万石に加転となり、24（寛永元）年美濃大垣5万石、33（同10）年播磨龍野5万3000石、36（同13）年摂津高槻5万1200石を経て、40（同17）年宣勝の時に和泉岸和田6万石に移った。

1884（明治17）年長職の時子爵となり、第2次桂内閣では司法相をつとめた。長職の長男長景は東条内閣の文相、その弟の長章は京都外国語大学教授をつとめている。

小野家 <small>おの</small>

小野薬品工業創業家。先祖は藤原南家の鎌倉御家人工藤祐経という伝承があるという。元は摂津国多田におり、江戸中期に初代市兵衛が

大坂・道修町の薬種商伏見屋市左衛門に奉公したのが祖。1717（享保2）年に20歳で暖簾分けが許され伏見屋市兵衛と称した。3代目の頃から薬品検査の取締役である定行司をつとめるなど、薬種問屋として道修町での地位を築いた。維新後、7代目は店舗を拡大、8代目の1934（昭和9）年に合名会社小野市兵衛商店と改称した。47（同22）年には医薬品製造の日本有機化工を設立、翌年に小野薬品工業と改称すると、49（同24）年には小野市兵衛商店を吸収して、医薬品メーカー小野薬品工業となった。

要家
<ruby>要<rt>かなめ</rt></ruby>

和泉国日根郡畠中（貝塚市）の旧家。元は日根郡神前村（貝塚市神前）の土豪で神前氏を称し、1258（正嘉2）年の後嵯峨上皇の高野御幸に政所宿直を勤めた御家人神崎四郎が知られる。戦国末期には畠中城を築城して拠ったが、1585（天正13）年の豊臣秀吉の紀州攻めで落城した。以後。要氏と改称して帰農、江戸時代は代々源太夫を称し、畠中村・神前村の庄屋をつとめた。また江戸時代中期からは岸和田藩の大庄屋七人衆の一つとなっている。

唐金家
<ruby>唐金<rt>からかね</rt></ruby>

和泉国佐野（泉佐野市）の豪商。橘屋と号した廻船問屋で、井原西鶴『日本永代蔵』によると、神通丸という3700石の当時日本一の大型船を所有していたとある。紀伊藩3代藩主徳川綱教が参勤交代の途中に唐金屋に立ち寄ったところ、たちどころに300人の供に冷飯が出されたため、以後「食」と呼ばれるようになったという。また、一統で稼いだ金銀をまとめて唐金の大杓子ですくったため唐金屋と呼ばれたという。

　江戸時代には助次郎家、庄五郎家、衛門左家、喜右衛門家などがあり、衛門左家は5代六郎兵衛の時に藩主へのお目見えを果たし、食野家と並ぶ豪商となった。また、喜右衛門家の3代興隆は1711（正徳元）年には藩から20人扶持を与えられた他、梅所と号して新井白石や<ruby>室鳩巣<rt>むろきゅうそう</rt></ruby>らと交友があったことでも知られる。

楠本家
<ruby>楠本<rt>くすもと</rt></ruby>

なだ万創業家。1830（天保元）年初代灘屋萬助が、出身地長崎の卓袱料理と漢方の知識を元に、長崎料理を大坂風にアレンジした料亭を大坂で開業したのが祖。1919（大正8）年パリ講和会議に際して西園寺公望の訪欧随行料理人として3代目楠本萬助が指名されたことで、日本を代表

する料亭と認知された。2014（平成26）年6代目の時にアサヒビールの傘下に入っている。戦後の俳人楠本憲吉は一族。

鴻池家
こうのいけ

江戸時代を代表する豪商。尼子氏に仕えた戦国武将山中鹿助の子孫。鹿助の二男信六幸元が摂津国川辺郡鴻池（兵庫県伊丹市鴻池）に住んで鴻池氏を称し、清酒づくりを始めたのが祖と伝える。元和年間（1615～1624）に大坂に進出、大坂店を継いだ新六の八男正成は海運業に乗り出し、大名貸も行った他、両替店を開いて豪商となり、以後実質的に本家となる。代々善右衛門を称し、2代之宗の時に今橋（大阪市中央区今橋）に移り、以後本邸となった。

3代宗利は酒造業・海運業を廃業して両替商のみとなり、1707（宝永4）年には河内国若江郡に鴻池新田を開発している。

維新後、1877（明治10）年に第十三国立銀行を創立。97（同30）年には閉店、新たに鴻池銀行を設立して引きついだ。1911（同44）年幸方の時に男爵となる。33（昭和8）年鴻池銀行は三十四銀行、山口銀行と合併して三和銀行となっている。

坂上家
さかのうえ

樋屋製薬創業家。1563（永禄元）年摂津国山本村から大坂・天満に転じ、1622（元和8）年初代忠兵衛が夜泣き・疳の虫に効く奇応丸を創製。以後、代々樋屋奇応丸をつくり、関西一帯に広く販売した。1943（昭和18）年樋屋製薬株式会社に改組。

塩野家
しおの

塩野義製薬創業家。初代吉兵衛は摂津国西成郡海老江村（大阪市福島区海老江）の豪農松中家の生まれ。三男だった吉兵衛は1789（寛政元）年に12歳で大坂・道修町の薬種商塩野屋藤兵衛に奉公に出、1808（文化5）年暖簾分けで塩野屋吉兵衛を称して独立、16（同13）年には薬種仲買仲間株を譲り受けた。74（明治7）年3代目の弟義三郎は分家して、78（同11）年に道修町3丁目で薬種問屋を開業、これが事実上の塩野義製薬の創業である。86（同19）年に取扱品を西洋薬に改めると、97（同30）年には欧米の商社と直取引を始め、1909（同42）年から製薬事業に乗り出した。

末吉家
すえよし

摂津国住吉郡平野郷（大阪市平野区）の旧家。平野郷は坂上田

村麻呂の子広野麻呂の末裔が土着開発したもので、その一族が七家に分かれて七名家と呼ばれていた。

末吉家は七名家の一つで当初野堂に住んでいたことから野堂氏を称し、増利の時に祖野堂末吉の名から名字を末吉と改めた。室町時代には租税の徴収を請け負う他、豪商としても活躍した。

戦国末期に、東末吉・西末吉・平野の三家に分裂、豊臣秀吉政権下では東末吉家は廻船業に乗り出している。一方、西末吉家は徳川家康に接近、1601（慶長6）年末吉勘兵衛は後藤光次と共に銀座差配となった。大坂の陣後は河内国志紀・河内両郡の代官となり、以後代々世襲している。

住友家
すみとも

豪商。桓武平氏高望流という。元は越前丸岡城主で、柴田勝家に仕えて、1583（天正11）年勝家が賤ヶ岳で敗れた際に討死した入江土佐守信定の曾孫という住友政友が祖。政友は書籍・薬種業を始めた後、銅吹き商人だった姉の子蘇我理右衛門と出会い、理右衛門の子友以は住友家の養子となって1623（元和9）年大坂に進出。銅精錬や銅貿易を行う泉屋を創立して豪商住友家の基礎を築いた。

4代目友芳は91（元禄4）年に伊予別子銅山を請け負い、以後これが家業の中核となった。その後、別子銅山の停滞などもあったが、宝暦期と、天保・嘉永期の二度にわたる家政改革で乗り切っている。明治維新後も住友財閥となって続き、友純の時に男爵となる。

銭高家
ぜにたか

銭高組創業家。江戸時代は和泉国日根郡尾崎村（岬町）で番匠屋と号して宮大工の棟梁をつとめていた。幕末に淡輪村の四至本家から弟子入りした善造は、瞬く間に頭角を顕して養子として銭高家に迎えられると、1884（明治17）年に家出同然で東京に出て修行、大倉財閥の祖大倉喜八郎の知遇を得た。86（同19）年末に故郷に戻ると、翌年に大倉喜八郎らを発起人として、大阪市に銭高組を創業。以後、大倉喜八郎の肝入りもあって大阪で次々と事業を拡大していった。

高木家
たかぎ

河内丹南藩（松原市）藩主。三河国碧海郡高木（愛知県安城市高木）発祥で清和源氏頼信流という。清秀は1582（天正10）年徳川家康に仕え、関東入国では5000石を与えられた。子正次は関ヶ原合戦では秀忠に従って

上田城攻めに当たり、戦後7000石に加増。1623（元和9）年には大坂定番となって1万石に加増され、河内丹南藩を立藩した。その子正成の時に3000石加増されたが、分知によって1万石に戻っている。

1884（明治17）年正善の時に子爵となり、貴族院議員もつとめた。

武田家

武田薬品工業創業家。初代長兵衛は大和国広瀬郡薬井村（奈良県北葛城郡河合町薬井）の生まれ。大坂・道修町（大阪市中央区）の薬種仲買商近江屋喜助の下で修行し、1781（天明元）年32歳の時に、暖簾分けで薬種商「近江屋」を開いたのが祖。以来、代々近江屋長兵衛を名乗り薬種商を経営した。

幕末、神戸や横浜が開港されたことで、漢方薬や西洋薬が長崎以外からも自由に入るようになると、道修町の多くの薬種商は没落したが、長三郎家から本家を継いだ4代目長兵衛はいち早く横浜に進出、さらに漢方薬から西洋薬品に切り替えることで乗り切った。その後は武田薬品工業と改組し、現在まで続いている。

田辺家

薬種商の豪商。1678（延宝6）年土佐堀の田辺屋橋（常安橋）南詰で合薬業を独立開業した初代五兵衛が祖。黒川田辺屋と呼ばれ、6代目には道修町に進出、1791（寛政3）年に薬種中買株仲間に加入した。1870（明治3）年いち早く西洋薬の扱いを始め、77（同10）年には製薬にも乗り出し、武田・塩野義と共に「御三家」とも呼ばれた。1933（昭和8）年、13代目の時に株式会社に改組、43（同18）年に田辺製薬と改称して世襲を終了した。14代目五兵衛（治太郎）は日本サッカー協会の幹部としても著名。

津守家

住吉神社神官。火明命の子孫といい、「住吉津を守る」の意から津守が姓になったとされる。代々摂津住吉神社の神主をつとめた。また、遣唐使をつとめた者も出た他、平安後期の津守国基は歌人として知られるなど、神官以外としても活躍した。一族は摂津・和泉に広がり、南北朝時代には国夏らが南朝に属して活躍している。江戸時代は公卿に列する者もあった。1884（明治17）年国美の時に男爵となる。

寺島家

大坂三町人の一つ。初代三郎左衛門（直治）は紀伊国粉河寺島（和

歌山県紀の川市）の生まれで、大坂天王寺に移り住んで瓦職となった。天文年間（1532～1555）に三河松平家の御用瓦を受け、2代目惣左衛門（休清）は徳川家・豊臣家の御用をつとめた。また、1615（元和元）年には大坂・南瓦屋町（大阪市中央区）に4万6000坪を拝領した。2代目の長男惣左衛門（直清）は京都、二男三郎兵衛は江戸に移っている。

　大坂では御瓦師として瓦の専売権を有していた。禁裏を始め、二条城、大坂城や神社仏閣の瓦御用を京都家と大坂家で一手に引き受けて、名字帯刀も許されていたが、1820（文政3）年幕命で特権を取り上げられている。

寺田家

和泉国岸和田（岸和田市）の豪商・酒造家。先祖は武士であったが、関ヶ原合戦で西軍に属して敗れ、岸和田に住んだという。文化年間（1804～1818）に酒造業を始め、銘酒「玉の井」で知られた。後南寺田家、北寺田家、堺寺田家の三家に分かれ、明治維新後には酒造業を離れて三家で第五十一国立銀行、岸和田紡績を中心とする寺田財閥を築いた。特に、南寺田家の甚与茂が著名。

永井家

高槻藩主。桓武平氏で長田忠致の弟親政の末裔という。代々松平氏に仕えており、直勝の時に、長田は源義朝を謀殺した家号であるとして、家康の命で永井氏と改称した。直勝の子直清は14歳で徳川秀忠の小姓として召し出され、1633（寛永10）年2万石に加増されて諸侯に列し、山城長岡藩に入封した。49（慶安2）年には摂津高槻3万6000石に加転、新田開発を進める一方、能因法師や袈裟御前、待宵小侍従の墓を顕彰したことでも知られる。9代藩主直進が藩祖直清を祭神として勧請した永井神社は2005（平成17）年高槻市の有形文化財に指定されている。1884（明治17）年に子爵となっている。

広海家

和泉国貝塚湊（貝塚市）米穀肥料商の豪商。元は明瀬長右衛門と称した貝塚の有力町人。摂津鳴尾の豪商辰馬家から養子となった初代惣太郎が諸色問屋の株を受け継ぎ、1835（天保6）年に廻船問屋として創業、広海家を称した。当初は主に米穀を取り扱い、次第に肥料取引に重心を移した。2代・3代も辰馬家からの婿養子で、辰馬家と深い関係があった。維新後も肥料商として活躍、4代惣太郎は茶人としても知られる。

I　歴史の文化編　49

北条家
（ほうじょう）

河内狭山藩主。相模北条氏3代氏康の四男氏規は幼少時今川家に人質となっており徳川家康と面識があったことから、豊臣秀吉の小田原攻めの際には家康の勧めに従って開城した。北条氏滅亡後は、高野山に追放された5代目当主氏直に従ったが、氏直の死去後河内国で6000石が与えられた。江戸時代は河内狭山藩1万1000石の藩主となる。1884（明治17）年子爵となる。

食野家
（めしの）

和泉国佐野（泉佐野市）の豪商。楠木氏の末裔という。室町時代中期には佐野に住んで大饗氏（おおあえ）を称する武家だったが、初代正久の時に廻船業に転じて食家を称した。後食野になったという。

江戸時代には、次郎左衛門を名乗る本家と、吉左衛門を名乗る分家があり、廻船業と大名貸で、江戸時代中期には鴻池家と共に関西を代表する豪商に成長した。しかし、幕末には廻船業が振るわなくなり、明治維新で大名貸の回収ができずに没落した。

山口家
（やまぐち）

大坂で布屋と号した豪商。大和国山口村の出という。江戸中期に奈良に出て、竹屋と号する商売を始め、1786（天明6）年初代半兵衛が大坂で呉服商を開業した。その二男が1824（文政7）年に独立して初代吉郎兵衛となり、豪商布屋を築いた。維新後、3代吉郎兵衛政運は山口銀行（後の三和銀行）を設立、これを中核にして関西に山口財閥を築いた。

山村家
（やまむら）

大坂三町人の一つ。祖与三郎則房は大和国添上郡山村（奈良市）の出で、徳川家康が伏見城在城時代に初代与助が召し出されて御大工職となり、20石4人扶持が与えられた。1616（元和2）年大坂に移り住み、釣鐘町に居を構えて、大工・木挽・屋根葺・左官・桶師などを支配した。

渡辺家
（わたなべ）

伯太藩（和泉市）藩主。渡辺吉綱が1624（寛永元）年に武蔵国比企郡に3000石を与えられて旗本として一家を興したのが祖。61（寛文元）年に1万石を加増されて、大井藩1万3000石を立藩。98（元禄11）年和泉大庭寺（堺市南区）に転じる。1727（享保12）年基綱の時に陣屋を伯太に移して伯太藩となった。1884（明治17）年章綱の時に子爵となる。

博物館

大阪府立近つ飛鳥博物館
〈仁徳天皇陵古墳の150分の1復元模型〉

地域の特色

近畿地方の中部に位置し、府庁所在地は大阪市。人口は約881万人で国内3位、自治体数は33市9町1村の計43市町村で、大阪市と堺市が政令指定都市である(2021(令和3)年1月現在)。面積は香川県に次いで2番目に狭い。府域の南西部に大阪湾があり、淀川、大和川などが流れ込む。大阪湾に面する大阪平野は三方を北摂、生駒、和泉葛城の山々に囲まれており、また平野から山地にかけては丘陵地、台地があり、千里ニュータウンなどのベッドタウンも開発されている。府域では弥生時代の環濠集落遺跡が複数見つかっている。古代から港による流通の拠点であり、世界文化遺産である百舌鳥・古市古墳群などで知られる古墳文化の中心地でもある。平安時代からは京都との水運の交易拠点となり、源平や南北朝などの戦いの地ともなった。戦国時代には堺などの自治都市が栄え、茶の湯などの文化が発展した。江戸時代には経済、商業の中心地として繁栄し、町人文化や私塾による学問が盛んになった。博物館は大阪市を中心に数多く、地域ぐるみで博物館活動を行う平野・まちぐるみ博物館や大阪人権博物館など、規模によらず活動が注目されている博物館もある。府下にも各地域の歴史民俗を扱う資料館や特色ある博物館がある。大阪市立の博物館群は2019年から地方独立行政法人による運営となり関係者の注目を集めた。

主な博物館

大阪市立自然史博物館　大阪市東住吉区長居公園

長居公園にある「自然と人間」の関わりをテーマにした博物館。1950(昭和25)年に開設した大阪市立自然科学博物館を前身とする。常設展示は身近な自然、地球と生命の歴史、生命の進化、生物の多様性、生き物の暮らしをテーマとし、数多くの標本や模型などが展示されている。大阪の自然

Ⅰ　歴史の文化編

誌展示や、図書や標本が並ぶ自然の情報コーナー、ミュージアムショップも充実しており、カウンターには学芸員が交代で常駐して来館者の質問などに対応している。また、講演会や自然観察会など年間150を超える多彩な行事を開催している。友の会活動が活発で、会員は初心者から専門家まで幅広く、独自の自然観察会や博物館との調査活動などを行っている。特別展も友の会の関わる調査成果を生かしたものが多い。秋には自然関連の団体やサークルが出展する大阪自然史フェスティバルを開催している。

こくりつみんぞくがくはくぶつかん
国立民族学博物館（みんぱく）　吹田市千里万博公園

　文化人類学・民族学とその関連文化の大学共同利用機関として1974（昭和49）年に創設され、1977（昭和52）年に大阪万博跡地の千里万博公園内に開館した。博物館機能をもった研究機関であり、総合研究大学院大学の一部も設置されている。建物は黒川紀章の設計で、民族学博物館として世界最大の施設規模を誇り、34万点以上の資料がある。本館展示には世界の民族文化を地域ごとに知ることができる地域展示と、世界の音楽と言語を見渡すことができる通文化展示とがあり、順路どおり歩くと約5キロメートルの距離がある広大な展示室に約1万2千点の資料が展示されている。映像資料を視聴できるビデオテークや資料情報の検索ができる「探求ひろば」もある。研究成果を生かした特別展や企画展、専門家向けの講演会から子ども向けのワークショップ、諸民族の芸能などを上演する研究公演などを開催。学校向けにも貸出資料「みんぱっく」などで支援を行っている。友の会やボランティアグループも活動している。

かいゆうかん
海遊館　大阪市港区海岸通

　大阪港エリアに1990（平成2）年に開館した世界最大級の規模を誇る屋内型の水族館。「すべてのものは、つながっている」をコンセプトに環太平洋火山帯の自然環境を巡るように展示があり、来館者はエスカレーターで最上階に上がった後、広大な太平洋水槽を含む14の展示水槽をらせん状のスロープを降りながら見学していく。これらの水槽には最大厚さ30センチのアクリスガラスが使われ、以後の水族館づくりに多大な影響を与えた。生物を身近に観察できる「新体験エリア」や企画展なども開催している。飼育生物は館のシンボル的な存在であるジンベエザメをはじめ約620種、3

万点を数える。お食事タイムやワークショップ、おとまりスクールなどの多様なイベント、会員制コミュニティ「生きものサロン」なども実施している。調査研究活動では大阪湾のスナメリ調査の他、高知県にある大阪海遊館海洋生物研究所以布利センターでは展示生物の収集と飼育、調査研究を行っている。

天王寺動物園　大阪市天王寺区茶臼山町

大阪市の都心部、天王寺公園に1915（大正4）年に開園した、日本で3番目の歴史ある動物園。11ヘクタールの園内におよそ180種1千点の動物を飼育している。生息地の環境を再現した生態的展示に力を入れ、カバやキリンなどの「アフリカサバンナゾーン」や「アジアの熱帯雨林ゾーン」、爬虫類生態館「アイファー」などがある。「てんのうじズーミュージアム」では、動物の骨格標本や剥製を展示する。ごはんタイム・おやつタイムの他、毎年夏に開催する「戦時中の動物園展」やナイトZOOなど、さまざまな催しを開催している。

大阪歴史博物館（なにわ歴博）　大阪市中央区大手前

都市「おおさか」を紹介する歴史系博物館。1960（昭和35）年に大阪城公園内に開館した大阪市立博物館を前身とし、2001（平成13）年に大阪市立新博物館と考古資料センターの構想を統合して移転開館した。大阪城公園南西、難波宮跡公園の北西に位置し、建物はNHK大阪放送局との複合施設である。鴻池コレクションなど約10万件の資料を収蔵している。常設展示は奈良時代の難波宮の原寸大復元、中世、近世の街の様子を詳細に再現した各種のジオラマ模型、考古学の発掘体験フロア、近代の市場や街角の再現展示など多くの見どころがある。敷地内には難波宮の遺構がありガイドツアーで見学できるほか、屋外に倉庫が復元展示されている。特別展にも力を入れており、大阪の歴史と文化、海外や国内のすぐれた文化財を紹介している。研究活動、教育活動も盛んで、講座や見学会、子ども向けのプログラム、図書コーナーや映像視聴ができる学習情報センター、深い学びや親睦を目的とした友の会もある。

Ⅰ　歴史の文化編　　53

大阪市立科学館　大阪市北区中之島

　「宇宙とエネルギー」をテーマに1989（平成元）年に開館した。前身は37（昭和12）年に開館した日本初の科学館で、東洋初のプラネタリウムを導入した施設でもある大阪市立電気科学館。大阪市指定文化財のプラネタリウム投影機、東洋初のロボットといわれる「学天則」の復元模型など、2千点を超える資料を収蔵している。展示場には宇宙、科学、エネルギーなどの分野について200点を超える展示がある。体験型の展示も多く、小学校低学年までの子どもと保護者を対象とした展示フロアもある。学芸員が実験を実演するサイエンスショーも毎日開催している。プラネタリウムは専門スタッフの生解説による投影で、担当者の個性あふれる「学芸員スペシャル」や、幼児連れを対象にした「ファミリータイム」もある。特別展や企画展、講座や天体観望会などのイベントの他、より深く学ぶことができるジュニア科学クラブやサークル活動などがある友の会もある。

キッズプラザ大阪　大阪市北区扇町

　「こどもたちが楽しい遊びや体験を通じて学び、創造性を培い、可能性や個性を伸ばす」ことを基本理念として1997（平成9）年に開館した、日本で初めての本格的な、子どものための博物館。フンデルトヴァッサー氏デザインの「こどもの街」を中心に科学、文化などの多彩や参加型展示があり、スタジオやキッチンなどではプログラムが行われている。それらの活動にはボランティアのインタープリターがおり、利用者をサポートしている。

大阪城天守閣　大阪市中央区大阪城

　特別史跡大阪城公園の中心的な施設であり、1931（昭和6）年に市民の寄付金によって復興された。大阪城を築いた豊臣秀吉の生涯や戦国時代をテーマに随時入れ替える歴史資料展示や映像、模型などの展示を行うほか、テーマ展、特別展も開催する。黄金の茶室原寸大模型、兜や陣羽織の試着体験コーナーもある。最上階は展望台となっており、大阪のまちが一望できる。

大阪市立住まいのミュージアム（大阪くらしの今昔館）

大阪市北区天神橋

　住まいの歴史と文化をテーマにした博物館。見どころは江戸時代の大坂の町並み再現展示「なにわ町家の歳時記」で、さまざまな町家がその内部まで忠実に再現され、来館者は上がって見学できるほか、貸し出しされる着物を着て町を歩くこともできる。また、町屋衆とよばれるボランティアスタッフがガイドやイベントで来館者をもてなしている。近代大阪フロアではさまざまな場所を精巧に再現した模型が並ぶ。特別展、企画展も開催している。

パナソニックミュージアム　　門真市大字門真

　パナソニック株式会社が運営する企業博物館。1968（昭和43）年に開設した松下電器歴史館を前身とし、2018（平成30）年に創業100年を記念して開館した。創業者である松下幸之助の生涯をたどる「松下幸之助歴史館」、パナソニックが生み出してきた商品をものづくりの考え方とともに紹介する「ものづくりイズム館」などで構成されている。松下幸之助に関する特別展やものづくりをテーマとした企画展、ワークショップや校外学習の受け入れも行っている。

大阪府立弥生文化博物館　　和泉市池上町

　弥生時代の環濠集落遺跡で国指定史跡である池上曽根遺跡の地に1991年に開館した、弥生文化全般を対象とする博物館。遺跡出土品を中心とした資料を収集し、常設展示は日本の弥生文化をテーマごとに解説する「目で見る弥生文化」、池上曽根遺跡出土品が中心の「池上曽根ワールド」で構成している。春と秋の特別展、講演会やワークショップ、ロビーコンサートなどのイベントなど、様々な教育事業も展開している。

大阪府立近つ飛鳥博物館　　南河内郡河南町東山

　古墳時代から飛鳥時代の文化遺産を中心に「日本古代国家の形成過程と国際交流をさぐる」がテーマの博物館。一須賀古墳群のある近つ飛鳥風土記の丘に隣接し、建物は安藤忠雄の設計である。常設展示は「近つ飛鳥と

Ⅰ　歴史の文化編　　55

国際交流」「古代国家の源流」「現代科学と文化遺産」に分かれ、仁徳陵古墳の模型や巨大な修羅など豊富な資料や模型などで構成している。特別展や体験プログラムの他、学校向けの校外学習やアウトリーチ活動も充実している。

堺市博物館　堺市堺区百舌鳥夕雲町

1980（昭和55）年に開館した堺市の歴史、美術、考古、民俗を扱う博物館で、百舌鳥古墳群の中心にある大仙公園内にある。常設展では古墳時代、中世、近世の堺の様子を詳しく解説するほか、世界遺産登録された百舌鳥・古市古墳群の認定書のレプリカや手織りの敷物である堺緞通の織機なども展示する。百舌鳥古墳群シアターでは、大型スクリーンで古墳の雄大さを体感できる。堺の歴史文化に関する特別展や子ども向けの体験学習会なども開催している。

日本民家集落博物館　豊中市服部緑地

広大な都市公園である服部緑地内に1956（昭和31）年に設置された、日本初の野外博物館。岩手県から鹿児島県まで日本各地で江戸時代に建てられた代表的な民家11棟を移築復元し、関連民具と併せて展示している。これらは国指定重要文化財や大阪府指定有形文化財でもある。各民家は内部が見学できるだけでなく、伝統的な遊びなどの体験活動や展示も頻繁に開催されている。

きしわだ自然資料館　岸和田市堺町

岸和田市を中心とした泉州地域の自然を扱う博物館。常設展示では岸和田を中心とした大阪南部・泉州地域の自然、キシワダワニやモササウルスなど地元で発見された古代の生物、100点以上の野生動物の剥製を展示する。個性的な特別展も見どころ。教育活動では、同館生まれで全国的な人気を誇る「チリメンモンスター」や観察会、ミニ実習などを数多く開催。博物館とともに活動する「きしわだ自然友の会」も活発である。

JT生命誌研究館　高槻市紫町

生き物を見つめ、研究し、その成果や面白さを表現することを通して、

自然・生命・人間について考える場（ホール）。生命科学の実験研究を行う研究セクターと表現研究を行う表現セクターの二つの部門を軸に活動を行っている。展示ホールでは生き物の多様性やゲノムなどのテーマを分かりやすく、美しく表現している。研究員レクチャーやオープンラボなどの催しや、大阪大学連携大学院として大学院生の受け入れも行っている。

吹田市立博物館　吹田市岸部北

紫金山公園内に1992（平成4）年に開館した、考古、民俗、歴史、美術を扱う博物館。常設展示室では市内の歴史や暮らしを紹介するほか、古墳時代の土器の一種、須恵器の窯跡の実物が移設展示されている。年数回の特別展では、千里ニュータウンなど地域性のあるテーマを扱うほか、市民企画の展覧会も開催。講演会やワークショップなどのイベントも数多く実施している。

司馬遼太郎記念館　東大阪市下小阪

『竜馬がゆく』などの作品で知られる作家司馬遼太郎の精神を感じ、考える記念館。自宅の隣接地にあり、庭から窓越しに書斎を見ることができる。建物は安藤忠雄の設計で、高さ11メートルの吹き抜け空間に約2万冊の蔵書を配した大書架が見どころ。展示スペースでは司馬作品に関連した企画展を約半年ごとに開催している。講演会やシンポジウム、寄席などのイベントを行うほか、友の会もある。

安藤百福発明記念館　大阪池田（カップヌードルミュージアム　大阪池田）

池田市満寿美町

世界初のインスタントラーメン「チキンラーメン」や「カップヌードル」を発明した安藤百福の創造性や軌跡を紹介する施設として、1999（平成11）年に発祥の地である池田市に開館した。世界のインスタントラーメン展示や研究小屋の再現展示などの他、来館者がオリジナルのカップヌードルやチキンラーメンをつくる体験ができる。

シマノ自転車博物館サイクルセンター　堺市堺区南向陽町

自転車部品メーカー、シマノが設立した財団によって1992（平成4）年に

開館し、2022（令和4）年に移転リニューアルした自転車専門の博物館。自転車の誕生から現代までの歴史やテクノロジーを多様な自転車や映像、体験展示などで紹介する。収蔵展示やライブラリーもあり、特別展も開催する。大仙公園内の「自転車ひろば」では、クラシック自転車レプリカの体験試乗や、さまざまな自転車講習会を開催している。

大阪国際平和センター（ピースおおさか）　大阪市中央区大阪城

　1991（平成3）年に開館した、大阪空襲の犠牲者を追悼するとともに、戦争の悲惨さと平和の尊さを次世代に伝えている博物館。常設展示では大阪空襲の様子から、戦時中や戦後の暮らし、復興などについて、実物、写真、模型などで展示する。入ってみることができる防空壕もある。語り部や戦跡ウォーク、資料貸し出し、友の会などの活動も行っている。

名 字

〈難読名字クイズ〉
①熊取谷／②相宅／③隆埼／④
音揃／⑤花篤／⑥不死川／⑦峙
／⑧坦ヶ／⑨霊群／⑩紡車田／
⑪渡守武／⑫抽冬／⑬蛇草／⑭
遍々古／⑮右衛門佐

◆地域の特徴

　大阪府は田中、山本の2名字が圧倒的に多く、3位中村を大きく引き離している。この田中と山本が1位、2位を占めるのは関西全体に共通する特徴で、順位が逆のところもあるが、関西各府県ではすべてこの2つが1位と2位に並んでいる。言いかえれば、西日本の名字は田中・山本で代表することができる。その下も、3位中村、4位吉田、5位松本、6位井上といずれも関西を中心に西日本に多い名字だ。つまり、東京が全国の縮図であるように、名字からみると大阪は西日本全体の縮図となっている。

　大阪府では、最も多い田中でも府全体の人口に占める割合は1.4％程度にすぎず、3位の中村だと人口のわずか0.8％ほどで、特定の名字への集中度がかなり低い。

　江戸時代、大坂は天下の台所といわれ、各地から物産が集積された。大坂の中心部には各藩の蔵屋敷が立ち並び、中国・四国・九州など、西日本各地から多くの人が流入して来たのだ。そのため名字の種類が増え、独自

名字ランキング（上位40位）

1	田中	11	林	21	渡辺	31	藤井
2	山本	12	佐藤	22	伊藤	32	西田
3	中村	13	木村	23	池田	33	山崎
4	吉田	14	橋本	24	中野	34	松田
5	松本	15	山下	25	岡田	35	加藤
6	井上	16	前田	26	中川	36	大西
7	山田	17	森	27	藤田	37	和田
8	山口	18	西村	28	鈴木	38	西川
9	高橋	19	上田	29	清水	39	藤本
10	小林	20	岡本	30	村上	40	谷口

Ⅰ　歴史の文化編　　59

の特徴はあまりみられなくなった。ランキング上位の名字をみても、西日本全体を集約したような名字構成となっている。

　大阪府は面積が狭いうえに公共交通機関が発達していることから、府内全域が大阪市のベッドタウンといってもよく、市町村による特徴があまりない。府内の市町村のうち、山本があまり多くないのは最北端の能勢町と最南端の岬町のみ。田中があまり多くないのも南部の田尻町のみで、その他の市町村のほとんどは、府全体と同じく田中と山中が1位と2位に並んでいる（逆もある）。

　それでも地域別に細かくみると、大阪市から離れて行くに従って独特な名字も増える。北部では箕面市の印藤、能勢町の暮部、南部では泉佐野市の松浪、熊取町の根来、阪南市の武輪、岬町の四至本、太子町の小路、千早赤阪村の矢倉などが特徴的な名字となっている。

　大阪府南部では「〜原」という名字を「〜はら」と読むことが多いのも特徴の一つ。たとえば藤原という名字は、山梨県と高知県を除いて「ふじわら」と読むのが大多数だが、泉大津市でも過半数が「ふじはら」と読むなど、全体的に「ふじはら」の割合が多いのが特徴。大阪府全体では3割近くが「ふじはら」と読む。その他、萩原や梶原も他府県と比べると「はぎはら」や「かじはら」と読む割合が高い。

　また、和泉地区にはカタカナの「ノ」で終わる名字がある。堺市の脚ノ・陣ノ・辻ノ・中ノ、泉佐野市の奥ノ・西ノなどがそうだ。名字の途中に「ノ」が入るものはたくさんあるが、末尾が「ノ」というのは珍しい。

● **屋号由来の名字**

　府南部の和泉地方には屋号由来の名字が多い。泉佐野市や岸和田市の電話帳を見ると、淡路谷、伊豆谷、和泉谷、岸和田谷、讃岐谷といった、「地名＋谷」や「物の名前＋谷」といった「谷」で終わる名字が大量にある。しかも、日根野谷、佐野川谷、小間物谷、名小路谷など、漢字4文字のものもあって、電話帳に並ぶ大量の漢字の羅列に圧倒される。

　これらの「〜谷」という名字は、屋号に由来するものである。江戸時代商人の町だった泉佐野や岸和田には、屋号を持つ商家がたくさんあった。明治になって戸籍制度ができたとき、全国の商家では本来の名字ではなく、屋号をもとにした名字を戸籍に登録した家も多かった。その方法にはいくつかあるが、大阪南部では屋号の「屋」を「谷」に変えて名字として戸籍に

登録したのである。

　一方、堺市では屋号の「屋」をとって名字にしたものも多く、具足、簓、陶器、鉛など、ものの名前がそのまま名字になっているものがある。

◆大阪府ならではの名字

◎芥川

　芥川氏は高槻市の地名がルーツで桓武平氏の一族。芥河とも書いた。鎌倉時代から幕府の御家人として活躍し、室町時代には摂津を代表する国人だった。現在も府内一帯に広がっている。

◎鴻池

　江戸時代の大坂を代表する豪商の名字。戦国武将山中鹿之助の子孫である。鹿之助の二男信六が摂津国川辺郡鴻池（兵庫県宝塚市長尾町）に住んで鴻池氏を称し、清酒造りを始めたのが祖。のち大坂に移り、新六の八男正成のときに豪商となって、本家は代々善右衛門を称した。

◆大阪府にルーツのある名字

◎鳥取

　垂仁天皇の時代に置かれた部民の一つで、鳥を獲って大王に献上したり、飼育したりする鳥取部に由来する名字。和泉国には、日根郡鳥取荘（阪南市鳥取）という地名もあり、鳥取荘の地頭を務めた鳥取氏があった。現在も大阪府南部に多いほか、香川県などにも多い。

◎能勢

　摂津国能勢郡（大阪府）をルーツとするという一族が多い。清和源氏頼光流で、山県国直の子国基が能勢郡田尻荘（豊能郡能勢町）の地頭となって能勢氏を称したのが祖である。室町時代は北摂の有力国人に成長、細川氏の被官でもあり、能勢頼則は初代芥川城主となる。関ヶ原合戦の際、頼次は東軍に属し、江戸時代は旗本となった。

◆珍しい名字

◎鼻毛

　泉大津市にある名字。もともとの名字は髭で、数代前に鼻毛に改称したものだというが、この付近には花下という名字もあり、花下から鼻毛に変化した可能性もある。

◎東京

　岸和田市にある名字。戸籍制度ができたのは明治の初めで、江戸が東京

I　歴史の文化編　　61

に改められたのも明治初期。時期的には江戸が東京になった方がわずかに早い。東京家も、もともとは江戸という名字だったが、「江戸が東京に変わったのだから、名字も江戸ではなく東京にしよう」ということで戸籍には東京で登録したという。そのため東京という名字は、この1系統しかないともいわれる。

◎紺掻（こんがき）

　泉佐野市などにある紺掻は紺掻屋に由来する。紺掻屋とは藍染め専門の染物屋のことで、藍が底に沈まないように掻き混ぜながら染めたことから、名字となった。

◎目（さかん）

　泉佐野市の目は朝廷における役職に由来している。朝廷の役職は、上から「かみ」「すけ」「じょう」「さかん」という4つの階級があり、それぞれいろいろな漢字をあてた。目は「さかん」を務めた人物が名乗ったものである。なお、山口県の目という名字は「さっか」と読む。

◎音揃（おんぞろ）

　堺市と岸和田市に集中している名字。かつて水軍を率いた際、船団の櫓の音が揃ったことから、豊臣秀吉から賜ったという。

◎京（かなどめ）

　いぬぼうカルタ（いろはカルタ）に由来する名字。いぬぼうカルタでは、いろは四七文字のあとに「京」という札があった。このことから、「かな」の「一番最後（とめ）」という意味で、京を「かなどめ」と読ませるものである。現在は阪南市にある。

◎指吸（ゆびすい）

　堺市の名字。江戸時代の豪商で、苦しい時にも悪いことには手を出さず、指を吸ってでも我慢しろ、という家訓から名字にしたものと伝える。

〈難読名字クイズ解答〉
①いすたに／②おおや／③おもき／④おんぞろ／⑤けいとく／⑥しなずがわ／⑦そわ／⑧たいらか／⑨たまむれ／⑩つむた／⑪ともたけ／⑫ぬくとう／⑬はぐさ／⑭べべこ／⑮よもさ

62

II

食の文化編

米 / 雑穀

地域の歴史的特徴

　大阪はかつて大坂と書いた。大和川と淀川の間に南北に横たわる上町台地の最高所を走る上町筋に沿った上本町（現在の天王寺区）あたりで坂が目立っていたことが地名の由来になっている。1868（明治元）年に現在の大阪に変更された。

　商業が盛んだった大坂は、江戸時代には、北海道や九州からも船で多様な食材が運ばれてくるようになり、「天下の台所」とよばれた。ところが、1786（天明6）年の不作を受けた全国的な米不足から米価が高騰し、大坂ではコメが入手しにくくなった。1787（天明7）年に町人たちは売り惜しむ米屋を襲い、約200軒の店を打ち砕き、「天明の打ち壊し」のきっかけになった。打ち壊しは畿内（京都周辺の5カ国）各地から江戸にも波及した。

　1887（明治20）年には大阪府から奈良県を分離し、現在の境域が定まった。

コメの概況

　大阪府の農業産出額を品目別にみると、コメがブドウを上回り、最も多い。降水量の少ない地域の稲作には、水の確保が欠かせない。大阪府には、岸和田市の久米田池をはじめ、近畿地方では最も多い1万1,000余カ所のため池があり、全国でも兵庫県、広島県、香川県に次いで4番目に多い。

　水稲の作付面積の全国順位は43位、収穫量は44位である。収穫量の比較的多い市町村は、①堺市、②能勢町、③高槻市、④茨木市、⑤枚方市、⑥泉佐野市、⑦富田林市、⑧和泉市、⑨河内長野市、⑩泉南市の順である。県内におけるシェアは、堺市10.5％、能勢町9.1％、高槻市7.6％、茨木市6.8％、枚方市6.3％などで、生産地は府内全域に広く分布している。

　大阪府における水稲の作付比率は、うるち米98.0％、もち米2.0％である。

公益社団法人米穀安定供給確保支援機構の推計では醸造用米の作付けはゼロである。作付面積の全国シェアをみると、うるち米は0.4%で全国順位が43位、もち米は0.2%で山梨県、和歌山県と並んで41位である。

知っておきたいコメの品種

うるち米

（必須銘柄）キヌヒカリ、コシヒカリ、ひとめぼれ、ヒノヒカリ、祭り晴
（選択銘柄）あきたこまち、きぬむすめ、にこまる

　うるち米の作付面積を品種別にみると、「ヒノヒカリ」が最も多く全体の73.5%を占め、「キヌヒカリ」（13.3%）、「きぬむすめ」（12.2%）がこれに続いている。これら3品種が全体の99.0%を占めている。

- ●ヒノヒカリ　平坦部を中心に栽培されている。収穫時期は10月中旬頃である。一部地域では地元産のヒノヒカリを学校給食で使用している。
- ●キヌヒカリ　中山間部を中心に栽培されている。収穫時期は9月中旬頃の極早生品種である。
- ●きぬむすめ　2009（平成21）年から府内一般農家のほ場での栽培が始まった。収穫時期は平坦地、中山間地ともが10月上旬である。親の「キヌヒカリ」「祭り晴」はともに大阪府の奨励品種であり、大阪府にはなじみの深い品種である。

もち米

（必須銘柄）なし
（選択銘柄）なし

　もち米の作付はすべて「モチミノリ」である。

醸造用米

　（必須銘柄）雄町、五百万石、山田錦
　（選択銘柄）なし

II　食の文化編

知っておきたい雑穀

❶そば

そばの作付面積の全国順位は47位、収穫量は和歌山県と並んで46位である。産地は河内長野市などである。

❷大豆

大豆の作付面積、収穫量の全国順位はともに45位である。産地は茨木市、堺市、河内長野市などである。栽培品種は「タマホマレ」「黒大豆」などである。

コメ・雑穀関連施設

- **堂島米会所跡**（大阪市） 1730（享保15）年、幕府は堂島米会所（市場）に帳簿上の差金授受によって決裁を行う張合米取引を公認した。その取引の手法は現在の世界各地における組織化された商品・証券・金融先物取引の先駆をなすものであり、大阪は先物取引発祥の地とされる。その跡地には稲穂で遊ぶ子どもの像をあしらった記念碑が立っている。

- **大阪府立弥生文化博物館**（和泉市） 「米つくりの始まり」コーナーは、「米つくりのルーツ」「米つくりの技術」の小テーマに従って、春の田起こしから秋の収穫や脱穀に至る弥生時代の農作業を復原している。農具のレプリカなども展示している。縄文人、弥生人、古墳人の身長をパネルで比較する「弥生人」コーナーもある。

- **長池オアシス**（長池・下池、熊取町） 大阪府は河川の水量が少ないため、農業用水を確保するためのため池が多く築造されてきた。長池、下池は室町時代に築造された農業用水用のため池で、今日も活用されている。1994（平成6）年から2000（同12）年にかけて大阪府のオアシス構想によって、パピルスなどの水生植物帯などが整備された。地元のため池や植物帯などの維持管理活動が活発である。

- **久米田池**（岸和田市） 僧行基が干ばつに悩む農民をみて、奈良時代の725（神亀2）年から738（天平10）年まで14年の歳月をかけて築造した。堤防は、粘土質と砂れきを交互につき固め、両層の間に木の葉を挟む敷葉工法を採用している。その後、周辺の小さな池を集めて現在の池になった。大阪府で最大級のため池である。池畔には、行基開創の名刹久米

田寺がある。年間100種類以上の渡り鳥などが羽を休める池は "鳥の国際空港" として親しまれている。

- **狭山池**（大阪狭山市）　築造は7世紀前半とされ、現存する日本で最も古い人工的なため池である。古事記、日本書紀にも登場する。現在も周辺の358haに農業用水を供給している。古くは奈良時代、鎌倉時代、安土桃山時代などに大規模な改修が行われており、堤や樋などには各時代の技術が集積されている。こうした水利システムや土木遺産は隣接する大阪府立狭山池博物館に展示されている。

- **花折水路**（千早赤阪村）　金剛山を源とする千早川から取水し、30haの農地を潤す農業用水路である。花折水路の流れる下赤阪は金剛山麓の中山間地域に位置し、古くから稲作が行われてきた。下赤阪の棚田は「日本の棚田百選」にも認定され、村を代表する景勝地になっている。

コメ・雑穀の特色ある料理

- **箱ずし**　木型にエビやアナゴ、タイの切り身などの具と酢飯を重ねて詰め込み、押して四角い形に整えた後、取り出して一口の大きさに切る箱ずしは、大阪を代表する押しずしである。「大阪ずし」ともよばれる。高級志向で、見た目も美しい。

- **バッテラ**　サバに塩を振って酢でしめ、薄く削った白板昆布を重ねた押しずしである。バッテラはポルトガル語で小舟を意味する。押しずしの木枠を舟と見立てた。大阪湾に面した堺市は室町時代から安土桃山時代にかけて外国にも開かれた商業都市だったため、すしにもポルトガル語の名前が付いた。

- **かやくごはん**　かやく（加役）は、主材料に加える補助材料をいう。ニンジン、ゴボウ、ハス、コンニャク、油揚げといった加役を入れた炊き込みごはんである。かやくは、もともとは漢方の言葉で、主要薬に対し、補助的な加薬を意味した。

- **白みそ雑煮**　大阪や京都の伝統的な雑煮は、白みそ汁に丸もちが一般的である。大根やニンジンなどは丸く輪切りにする。家庭円満を願い、角が立たないようにとの縁起からである。正月から殺生をしないということで、だしは昆布だけでとる。

- **まむし**　大阪など関西では、ウナギご飯をまむしという。ご飯とご飯の

Ⅱ　食の文化編　　67

間にウナギを入れる。名前については、①ご飯の間にウナギを挟んで蒸す「間蒸す」から、②ウナギを蒸して脂を抜く「真蒸す」から、③ご飯とウナギをまぶすが変化して、といった説がある。

コメと伝統文化の例

- **波太神社の宮入**（阪南市）　五穀豊穣を祈りながら、阪南市内各地区の20台のやぐらを引く祭り。最大の見せ場は波太神社の拝殿前の階段を駆け上がる「宮上がり」である。一気呵成（かせい）に上がれば、翌年の豊作の吉兆となる。開催日は毎年10月の体育の日の前日。

- **御田植神事**（大阪市）　住吉区の住吉大社で行われる御田植神事は千葉県の香取神宮国御田植祭、三重県の伊雑宮御田植祭とともに日本三大御田植祭の一つである。神功皇后が田んぼを設け、御田をつくらせたのが始まりとされ、国の重要無形民俗文化財に指定されている。開催日は毎年6月14日。

- **だいがく祭り**（大阪市）　大阪市西成区の生根（いくね）神社に伝わる。9世紀の大干ばつの際、国内66地域の有力神社に見立てた神灯を掲げて雨乞いしたのが始まりである。だいがくは、長い丸太柱に79個の神灯を飾りつけた高さ約20mの巨大な櫓（やぐら）である。漢字では台額、台楽などいくつかの説があるため、かなで表記している。開催日は毎年7月24日〜25日。

- **粽祭**（ちまき）（堺市）　堺市堺区の方違（ほうちがい）神社で行われる神事である。神功皇后が方違のお祓いをされた故事による。菰（こも）の葉で境内の土を包んだ方除（ほうよ）けのちまきを神前に供えた後、参拝者に授与する。これによって、方位からの災いを免れることができるとされる。開催日は毎年5月31日。

- **葛城踊り**（岸和田市）　江戸時代に、和泉葛城山頂に鎮座する八大竜王社の氏子である山麓の5カ村が、降雨を神に祈願し、感謝するために行った踊りである。何回か断絶したが、塔原（との）地区で伝承しており、塔原町の弥勒寺境内で演じられる。大阪府の無形民俗文化財である。開催日は毎年8月14日。

こなもの

お好み焼き

地域の特色

　近畿地方の中部に位置する。かつての摂津国の東半分と和泉・河内の2つの国である。府の所在地の大阪市は、大阪の中部にあり、大阪湾に臨む市である。現在の大阪市の中心地の難波は、瀬戸内海から大和地方に入る水陸交通の要地であった。明応5（1496）年に、蓮如が石山本願寺を建立し、天正11（1583）年にはその後に、豊臣秀吉が大坂城を築き、それ以来政治・経済の中心として発達した。

　北部に剣尾山、東部に生駒山・金剛山、南部に和泉山脈などが連なり、三方が山々に囲まれている。中央部の大阪平野を流れる淀川・大和川は大阪湾に注いでいる。淀川の水源は滋賀県の琵琶湖である。一方大和川は、奈良県北部の笠置山地に発し、西へ流れて大阪湾に注いでいる。気温は瀬戸内海の影響を受けて、温暖で降水量が少ない。昔は、干害に備えて溜池が掘られた。江戸に政治の中心が移った後も、「商人の街」「天下の台所」として物流の中心地となっていた。

食の歴史と文化

　大阪は商人の街として栄えて行くと、近郊が農業として発達し、大阪市街は一大消費地となった。食い倒れの街といわれるように、海の幸・野山の幸が集まり、関西料理が発展した。現在、東京で有名な「吉兆」や「なだ万」は、大阪が発祥の地である。大阪は高級な和食の店があると同時に庶民的な料理も発達したところである。焼肉、しゃぶしゃぶ、うどんすき、お好み焼き、たこ焼き、ホルモン料理なども発達している。大阪の食文化といえば「こなもの文化」の名に代表されるように、お好み焼きやたこ焼き、うどんに関しては蘊蓄を語る人が多いとのことである。

　大阪は「なにわの伝統野菜」の育成と普及を目指している。江戸時代から栽培している「大阪シロナ」は、お浸し、煮物、和え物に利用され、泉

州タマネギは明治時代にアメリカから輸入したものである。泉州ナスの糠漬けは、関東でも市販されるようになった。天王寺カブ、金時ニンジン、毛馬キュウリ、服部シロウリなども「なにわの伝統野菜」として栽培されている。

バッテラ（サバの棒ずし）、箱ずし、ハモ料理やハモの加工品（蒲鉾など）は、関東ではめったにみられない料理や食品である。

かつての商家の丁稚などの食事として供された料理にサバとダイコンを使った「船場汁」「船場煮」がある。食い倒れの街の大阪は、食材は贅沢で、ふぐ料理（刺身、鍋料理など）が安価で食べられるという魅力のある街である。

大阪のこなものの一つの麺類はうどんである。大阪のうどんの特徴は、もっちりした心地よい歯応えにあり、麺つゆは昆布ダシの利いたやや甘めである。商人の街・大阪では手軽で安価な食べ物として喜ばれたのが「きつねうどん」である。

知っておきたい郷土料理

だんご・まんじゅう類

①ころころだんご

「ころころだんご」は、春、秋の彼岸に仏壇に供える。洗った米をザルにあげて陰干しにしてから米粉にし、このだんごの材料とする。米粉は、熱い湯で捏ねてから蒸す。蒸したものは、すり鉢ですり、ゆるめに丸め、重ねて仏壇に供える。供えた後は、炭火で焼き、醤油で付け焼きし、砂糖をまぶして食べる。行事に合わせて、ヨモギだんご、ひなもち、柏餅、餡をまぶしたあえもちなどにする。

②かただんご

淀川の土手で摘んだヨモギを入れた彼岸だんごである。ヨモギは、熱湯で色よく軟らかく茹でてから、冷水で晒してすり鉢で潰して調製する。米粉に熱湯を加え、ヨモギを混ぜて、よく蒸してから搗いて、丸めてだんごにする。模様を切り込んだ木型に入れて、模様をつける。内側には餡を入れておく。四季を通して、行事に作るだんごには、かただんご、ちまき、月見だんごなどがある。

③はらみだんご

　稲穂がよく膨らみ（「はらみ」）、たくさんとれるようにとの願いをこめて、田植えが終わった休みの日（半夏生）に作り、神棚に供える。

　小麦粉に重曹と卵を混ぜ、水を加えて練り合わせ、だんごの生地を作る。この生地を円くし、ソラマメ（大阪では「おたや豆」）のこし餡を挟んで両端を合わせ柏餅のように包んで蒸す。

お焼き・焼きおやつ・お好み焼き・たこ焼き類

①お好み焼き

　お好み焼きは、江戸で発生し、東京で育てられたものであるが、現在では、大阪のお好み焼きが有名になった。その理由は、お好み焼きの庶民性が大阪の人々に取り入れられたと伝えられている。さらに、大阪の人々の好みにあったソースが開発されたことと、カウンターで気楽な雰囲気で食べられることも、大阪がお好み焼きの本場といわれるほど人気となった要因といえる。

　大阪のお好み焼きは、イカ天、牛天、天ぷらの揚げダマ、焼きソバなどのほか、魚介類、キャベツ、タマネギ、ネギなどいろいろな食材が具となっている。

　お好み焼きのルーツは、安土桃山時代に、千利休が茶懐石に用意した「麩の焼き」にあると伝えられている。鎌倉時代に利用された「巻餅焼き」がルーツであるという説もある。

②たこ焼き

　明治時代の中頃に明石にあった「明石焼き」をヒントに、第二次世界大戦後、大阪に出現したといわれている。ゴルフボールほどの大きさの窪みのある鉄製のたこ焼き器に、小麦粉、卵黄を混ぜた濃度の薄い生地を流して焼く。出来上がりはゴルフボールのように球状で、中心に茹でたタコの脚のぶつぎりが入っている。

③洋食焼き

　小麦粉に水を加えて、どろどろに溶き、これに卵、せん切りキャベツを混ぜる。フライパンに油をしいて、生地を広げて焼く、途中で青海苔、花カツオ、干しえびなどをのせる。

Ⅱ　食の文化編　　71

④どら焼き

小麦粉に塩を加え、水を加えてどろどろに溶く。油をひいた卵焼き器に流して、両面をこがさないように焼く。この薄く焼いた皮で小豆餡をくるくると巻いたもの。

⑤ねぎ焼き

大阪のお好み焼きの一種。お好み焼きのキャベツの代わりに長ネギをたっぷり入れ、カツオ節（削り節）を振りかけたものである。さっぱりした味が人気のお好み焼き。ネギをたくさん使うのは大阪の食文化の一つの特徴といわれている。

⑥とんべい焼き

大阪のお好み焼きの一種。豚肉、卵が主体で、小麦粉の濃度を薄く溶き、卵、豚肉を具にしたお好み焼き。

⑦ちょぼ焼き

かつて大阪で流行した手軽なおやつの一種。たこ焼きのルーツともいわれている。「ちょぼ」は「点」の意味があり、小さなくほみをつけた鉄板または銅板に、水で溶いた小麦粉のちょぼ生地をちょぼっと流し入れ、コンニャク、ネギ、紅ショウガ、エンドウマメ、カツオ節を入れ、醤油をたらして焼いたもの。鉄板には、現在のたこ焼き器のように、多数の窪みがあった。

麺類の特色　　大阪の人々はうどんを好んで食べるので、うどんは大阪の食文化の重要な位置にある。老舗といわれるうどん店は、もともと大阪以外のうどんの名産地と関係がある。これら老舗は、うどんの名産地の伊勢に通じる伊勢街道で営業していた店であったり、能勢を経て丹波篠山へ通じる能勢街道、西国霊場二十三番の札所に通じる巡礼街道で営業していた店であったり、あるいは京都とへ通じる街道で営業していた店が多い。これらの街道は、人通りが多かったので、うどん店も繁盛した。大阪でうどんが、一般に普及したのは江戸時代中期になってからである。大阪（江戸時代は「大坂」と書かれた）は、昔から商取引の場で、毎日のように市がたっていた。そこで、小麦、塩、コンブ、新鮮な食材を取引していたことが、大阪のうどん文化を発展させたといえる。大阪のうどんは、基本的には四国の讃岐うどんと違うところがなく、大阪のうどんの

特徴は、麺の太さとやわらかい食感である。

めんの郷土料理

①きつねうどん

　大阪の代表的うどん。明治26年創業の老舗もある。「すうどん」に油揚げをのせた「きつねうどん」を考案したのが、大阪・南船場の「うつみ亭」の初代・宇佐美要太郎氏であると伝えられている。元祖・きつねうどんの店として繁盛している。

②うどんすき

　創業200年の歴史をもつ「美々卯」の名物料理。考案者は先代の薩摩平太郎氏。商標登録されているので、この店しか使えない。だしは宗田節と利尻コンブでとっている。具は太打ち麺のほかに、魚介類や季節の野菜など15種類で、煮込んでいるときにだし汁が濁らないように工夫されている。専門の鍋にだし汁を入れて熱し、これに具材を入れて煮込んで食べ、最後にうどんを煮て食べる。うどんすきは、昭和3～4（1928～29）年頃に、美々卯の初代が、「うおすき」の残りにうどんを入れて食べたことに、始まったといわれている。石臼で製粉した自家製のそば粉を使ったそばもあるが、うどんが引き立って目立たない。

③肉うどん

　甘辛く煮た肉を、かけうどんにのせたもの。

④ざるうどん

　細うどんを茹でて冷やしてザルに盛ったもの。めんつゆは、コンブと鰹節でとっただしを使っている。

⑤ドジョウにゅうめん

　秋に、田圃の溝で漁獲したドジョウを、2、3日泥をはかせてから使う。ささがきゴボウ、ズイキを入れたみそ汁に生きたドジョウを入れて煮る。煮上がったら、茹でた素麺を入れてひと煮立ちさせる。

⑥かちんどん

　「かちん」とは、搗飯（かちいい）のことをさす。餅入りうどんのことで、関東では「力うどん」のこと。コンブ・カツオ節のだし汁に、揚げた餅をのせ、味醂で溶いた掻き卵仕立てにする。

Ⅱ　食の文化編　　73

▶ 府内で選べる30種のブドウ

くだもの

地勢と気候

　大阪府は西に大阪湾が広がっているものの、北が丹波高地、東が生駒山地や金剛山地、南が和泉山脈と山々に囲まれている。大阪平野は、大部分が淀川や大和川の氾濫によって形成された、地盤高の低い沖積平野である。河川勾配が比較的緩やかなこともあって、何度も洪水や浸水の被害にあい、対策がとられてきた。

　大阪府の気候は瀬戸内の気候に属し、年間を通して天気は安定し、降水量は少なめである。降水量が少ないのは、山に囲まれ風の通りが悪いためである。ただ、北部の山沿いでは、夏季に六甲山などで発生した積乱雲が流れてきて雨が降りやすい。

知っておきたい果物

ブドウ　ブドウの栽培面積の全国順位は9位、収穫量は7位である。大阪府で栽培しているブドウの品種は、大きさでは小粒の「デラウェア」から中粒の「マスカット・ベリーA」、大粒の「巨峰」まで、種の有無でいえば、種ありのブドウだけでなく、種なしの「ピオーネ」など幅広い。「シャインマスカット」「甲州」「ネオマスカット」「マスカット・アレキサンドリア」なども生産しており、栽培品種は30種を超える。

　主産地は、金剛・生駒山麓の羽曳野市、柏原市、太子町、大阪狭山市、交野市、河内長野市などである。ハウス栽培が多く、4月～8月頃の長期間にわたって出荷している。河内地域が主産地である「デラウェア」の出荷時期は5月中旬～8月下旬頃である。

　大阪狭山市の「大野ぶどう」は直売が中心である。7月～9月上旬頃に産地の沿道に並ぶ直売所は夏の風物詩である。

　大阪府でブドウの栽培が本格的に始まったのは柏原市堅下に「甲州」が導入された1884（明治17）年である。枚方市では1945（昭和20）年頃か

らガラス温室を使って高級ブドウの栽培が始まっている。

ミカン

ミカンの栽培面積の全国順位は10位、収穫量は16位である。主産地は和泉市、太子町、岸和田市、貝塚市、堺市、千早赤阪村、富田林市、河南町などである。出荷時期は10月上旬～3月下旬頃である。

大阪府におけるミカンの栽培面積は大正末期には2,000haを超え、和歌山県に次いで全国2位だった。その後、最盛期には3,000haを上回ったが、現在は749haに減少している。

和泉市のミカン栽培は200年の歴史があり、大阪府有数の生産量を誇るミカンの産地である。太子町では丘陵地を中心に栽培されている。

イチジク

イチジクの栽培面積の全国順位は8位、収穫量は愛知県、和歌山県に次いで3位である。

イチジクは果肉がやわらかく運搬が難しいため、消費地である都市近郊での栽培がふさわしいとされ、大阪では明治以前から栽培されていた。現在の主要品種は、大正時代に導入された「桝井ドーフィン」である。主産地は羽曳野市、河南町、岸和田市、藤井寺市、富田林市などである。収穫時期は8月上旬～9月下旬頃である。

藤井寺市では主に地元で販売しており、朝市などでの朝採りイチジクは人気がある。

サンショウ

サンショウの栽培面積の全国順位は11位、収穫量は9位である。主産地は箕面市、豊能町、能勢町などである。

箕面市北部の止々呂美地区では、5月中旬～下旬頃に収穫される。

同地区では実サンショウの塩漬けなど加工品も製造されている。

ハッサク

ハッサクの栽培面積の全国順位は11位、収穫量は10位である。主産地は和泉市、岸和田市、貝塚市などである。

桃

桃の栽培面積の全国順位は21位、収穫量は18位である。主産地は岸和田市、河内長野市などである。

大阪府における桃の栽培は江戸時代後期に寝屋川市に伝わった。その後、交野市、豊中市、羽曳野市などに広がった。1965（昭和40）年頃からの都市化に伴い、栽培面積は激減した。

奈良県、和歌山県に隣接する河内長野市産の桃は「小山田の桃」として知られている。

Ⅱ　食の文化編　　75

クリ　クリの栽培面積、収穫量の全国順位はともに29位である。主産地は能勢町、豊能町、箕面市などである。

　能勢地方は、大粒の高級クリである「銀寄」の原産地である。江戸中期に、現在の能勢町倉垣の人が、広島から持ち帰って植えたところ、立派な実を付ける樹があり、これが増殖されて近隣に広がった。天明・寛政年間（1781～1800）の大飢饉のときにこのクリを出荷したところ、多くの銀札を寄せて農民を救ったことから銀寄とよばれるようになったという。

スモモ　スモモの栽培面積の全国順位は新潟県、島根県、山口県と並んで32位である。収穫量の全国順位も32位である。主産地は枚方市などである。

カキ　カキの栽培面積の全国順位は44位、収穫量は35位である。主産地は和泉市、河内長野市などである。

キウイ　キウイの栽培面積の全国順位は島根県、宮崎県と並んで38位である。収穫量の全国順位は32位である。主産地は交野市などである。

ウメ　ウメの栽培面積の全国順位は45位、収穫量は43位である。主産地は和泉市などである。

ブルーベリー　大阪府におけるブルーベリーの栽培面積の全国順位は45位、収穫量は41位である。主産地は和泉市、高槻市などである。

日本ナシ　日本ナシの栽培面積、収穫量の全国順位はともに46位である。主産地は河内長野市などである。

スダチ　スダチの栽培面積の全国順位は6位、収穫量は5位である。主産地は和泉市、岸和田市、貝塚市などである。

清見　清見の栽培面積の全国順位は13位、収穫量は10位である。主産地は和泉市、岸和田市、貝塚市などである。

レモン　レモンの栽培面積の全国順位は16位、収穫量は13位である。主産地は和泉市、岸和田市、貝塚市などである。

不知火　不知火の栽培面積の全国順位は17位、収穫量は16位である。主産地は和泉市、岸和田市、貝塚市などである。

ナツミカン　ナツミカンの栽培面積の全国順位は21位、収穫量は19位である。主産地は和泉市、岸和田市、貝塚市などである。

ユズ

ユズの栽培面積の全国順位は33位、収穫量は23位である。主産地は箕面市、和泉市、岸和田市などである。収穫時期は11月上旬〜12月下旬頃である。

箕面市でユズ生産が盛んなのは同市北部の止々呂美地区である。古くから料亭などで使われている。

イチゴ

イチゴは高槻市、交野市、富田林市、和泉市などで生産されている。栽培品種は「章姫」「紅ほっぺ」「かおり野」「おいＣベリー」などである。

ビワ

ビワは箕面市などで生産されている。箕面市北部の止々呂美地区では、山の斜面を利用して栽培している。品種は「田中」などである。収穫時期は7月上旬頃である。

地元が提案する食べ方の例

せとか寿司（大阪市）

セトカの絞り汁に酢、砂糖、塩を加え寿司酢に。シイタケの戻し汁に調味料を加え、シイタケ、ニンジンなどを煮て具材にする。ご飯に寿司酢と具材を入れて混ぜ、上にセトカの実をのせる。

リンゴのトースト（大阪市）

リンゴをスライスし、フライパンで両面が色づく程度に焼く。焼き上がったリンゴにハチミツとバターを入れて絡める。バターを塗ったトーストにのせ、シナモンパウダーをかける。

さくらんぼのクラフティー（大阪市）

焼き型にバターを塗り、砂糖、小麦粉、卵、牛乳、生クリームを混ぜ合わせた半分を流し込み、柄と種を取ったサクランボをのせて、8分焼く。さらに残りを入れて8分焼く。

マンゴープディング（大阪市）

マンゴーのピューレ、砂糖、レモン汁などを火にかけて溶かし、ゼラチンを入れ余熱で溶かす。冷蔵庫で冷やして固める。砂糖とレモン汁のシロップをかけ、チェリーなどを添える。

りんごの皮のかりんとう（能勢町）

熱したフライパンにリンゴの皮が上になるように入れて焼く。弱火でバターを溶かしながら両面を焼き、砂糖を混ぜ、砂糖が薄茶色になったら、

Ⅱ 食の文化編 77

火を止めてシナモンを振る。

消費者向け取り組み

● 農産物朝市直売所　JA 大阪北部、箕面市

地域の特性

　大阪府は、西日本の経済・文化の中心地であるが、政治的には関東の東京都に対抗した新しい日本の中心都市を構築するような気配も感じるこの頃である。大阪湾は瀬戸内海の東端にあたる。紀伊水道は、紀伊半島の田倉崎から日ノ御埼(ひのみさき)を東側、淡路島の生石鼻(おいしはな)から徳島の蒲生田岬(かもうだみさき)を西側とする。紀伊水道は、太平洋を流れる黒潮は鳴門海峡を通り瀬戸内海に流入するので瀬戸内海の栄養は豊富になる。鳴門海峡の渦潮は、瀬戸内海へ入る魚の運動が活発するので、しっかりと締まった身肉に形成される。大阪湾の周辺は、工業地帯や生活排水、瀬戸内海を航行する船舶の廃油によって汚染され、生息する水産物が減少している。

　大阪府は、中央に大阪平野を抱え、三方を山に囲まれているが、西は大阪湾に面していて、大きな魚市場を擁している。気候は瀬戸内海型で雨が少なく、晴天の日が多い。

魚食の歴史と文化

　大阪は、戦国時代以前は「小坂」とよばれ、戦国時代以降に「大坂」と表記され、明治元年になって「大阪」に改称された。大阪の名の由来は「坂のある地形」にあるといわれている。大阪の代表的な食文化に、「お好み焼き」と「たこ焼き」がある。お好み焼きにはイカを、たこ焼きにはタコを使う。仕上げにはカツオ節や青のりを散らすなど、簡単な料理でも素材のもつうま味を加えることを考えている。インスタントラーメン、レトルト食品の開発地が大阪であるところから、大阪の人々は合理的アイデアに長けていると思われる。室町時代には、大阪の南に位置する堺は、中国の明朝との貿易港として栄えたので、その影響により一味違った食文化もところどころにみられる。その一つが、大阪人が自慢としている「粉もん文化」かもしれない。

大阪の白身魚文化の理由

大阪の魚食文化は白身魚文化といわれている。1655（明暦元）年の『大坂三郷町絵図』によると、雑喉場という場所に、鷺島にあった生魚問屋が移転してきたために、この浜辺が、西日本各地から「活魚船」が白身魚を運んでくる絶好の場所になったようである。昔は、白身魚を船の生間で泳がせながら、活魚船で大坂・雑喉場へ向けて運び、安治川の河口で活け締めして市場の朝方のセリで売った。したがって、大阪の白身魚文化が生まれたのは雑喉場の市場であるといわれている。

祭り好きな大阪

大阪・岸和田の「だんじり祭り」は「カニ祭り」といわれていて、この日は蒸したガザミ（ワタリガニ）を食べて祝うのである。また、大阪天満宮の天神祭りは951年に始まり、毎年7月24日と25日に行う。商売繁盛を祈願する祭りである。祭りの見所は「船渡御」で、学問の神様・菅原道真の御神霊をのせた船を中心に、たくさんの船が大川を行き交う。特別な料理は作らないが、夏祭りであるからハモ料理は欠かせないと思われる。

知っておきたい伝統食品・郷土料理

地域の魚介類

大阪の泉州沖では、カレイ類、カタクチイワシ（しらす）、コノシロ、マアジ、スズキ、イカナゴ、マサバ、マダイ、ハモ、タチウオなどが生息する。紀伊水道は、栄養分が豊富でマサバ、マアジ、タチウオ、イカナゴなどが生息し、砂泥や岩礁にはハモやウツボが生息している。

最近、注目されている魚介類には次の魚介類があげられる。ハモ（大阪湾）、アナゴ（泉州）、イカナゴ（大阪湾）、イワシ（大阪湾）、シタビラメ（大阪湾）、チヌ（クロダイのこと、大阪湾）、ガザミ、シラサエビ（ヨシエビのこと、大阪湾）、マダコ（泉だこ）など。

春はアサリ・ハマグリ・トリガイ・サヨリ・イカナゴ・サワラが食卓に用意される。晩春には、マダイが産卵のために外洋から瀬戸内海に回遊してくる（春のマダイだからサクラダイともいわれている）。晩春にはイイダコ・クルマエビ・マサバ（春サバ）が食卓にのぼる。夏はハモの旬である。メゴチやゴチの稚魚（ガッチョ）・アコウダイ・タコの旬となる。秋

80

は再びマサバ（秋サバ）の季節となる。マイワシ・カタクチイワシ・クロダイの旬となる。10月になるとカキが手に入りやすくなる。冬には、ボラ（寒ボラ）・メイタガレイ・トラフグが出回る。

食用に利用される淡水の魚介類には、シジミ・ドジョウ・ウナギ・ハゼ・フナがある。

伝統食品・郷土料理

①ハモ料理

大阪の蒲鉾には欠かせない魚。現在は大阪、紀州からの入荷が少なく、東シナ海で漁獲したものが利用されている。10月の第3日曜日は、丹波篠山の沢田八幡神社の神事には、ハモを大蛇になぞらえて切り落とす行事を行う。京都の夏祭りはハモ祭りといい、ハモ料理を食べる。酢の物、吸い物、蒲焼き、押しずしなどの料理がある。

- はもきゅう　大阪では、体長50〜60cmのハモを湯引きし、キュウリもみに加えた「はもきゅう」が人気。
- はもなます　刻みダイコン・ニンジンに指引きしたハモを刻んで加えたなます。
- はもおとし　湯引きしたハモを冷やし、梅肉醤油で食べる。
- はもまむし　ハモの皮を焼いて米飯に混ぜたもの。

②うおすき（魚鋤）

大阪の名物鍋。大阪の料理。沖すきともいう。明治に入り肉のすき焼きにならって生まれた料理。ブリ、タイ、サヨリ、ハモ、サワラ、寒ボラ・メイタガレイ・イカ・ハマグリ・エビなどのすき焼き。魚の鍋のようなもの。

③ウナギの蒲焼き

- まむし　まぶしともいわれている。大阪のウナギの蒲焼き。焼き上げたウナギを、ご飯の間に入れてまぶすから、間蒸、魚蒸から転訛した。大阪のウナギの蒲焼きは、腹開きして、頭（半助）をつけたまま金串を打ち、蒸さずに白焼きし、タレをつけて焼く。
- 半助の煮物　半助とはウナギの頭のこと。半助と焼き豆腐の煮物。別名ウズラ豆腐ともいう。ウナギの脂肪が豆腐に浸み込んで美味しい。

Ⅱ　食の文化編　81

④サバ料理

● 船場汁　大阪の問屋街・船場で生まれた料理。昆布だしの汁に、塩サバの切り身と粗（頭・中骨など）に、短冊に切ったダイコンなどの野菜を加えて、醤油味で煮込んだ具たくさんの汁。昆布ダシでじっくり煮つけ、淡口醤油と塩で味をつけ、煮あがったら酒を加える。

● サバの生ずし　塩サバを昆布で締め、2〜3時間酢に漬けたもの。ショウガ醤油で食べる。

● サバの焼き物　塩焼きは果実酢をつけて食べる。バター焼きはレモン汁を垂らして食べる。照り焼きは針ショウガを散す。味噌煮は粉山椒をかける。

⑤イガミの煮つけ

　紀州南部の磯魚（ブダイ）。正月や祭りには尾頭月の煮物を作る。

⑥クジラのハリハリ鍋

　大阪の代表的鍋料理。薄く切ったクジラの赤身と水菜を、カツオと昆布からとったダシ汁で食べる。ハリハリという名前は、水菜を食べたときの音に由来する。水菜はシャキシャキした歯ざわりを楽しむために、煮すぎないのがコツ。最後に山椒を振って食べるのがこのハリハリ鍋の大阪風食べ方である。

⑦サヨリの料理

　海の香魚ともいわれているように、爽やかなうま味の白身魚である。身肉は薄く、透き通るように薄く切る場合、細く造る場合がある。糸造り・細造りは代表的な生食である。煎り酒・調味酢を添えて味わう。大阪の押しずしの上置きにも用いられることもある。

⑧イカナゴ（コウナゴ）料理

　塩茹でしチシャ（レタスの仲間）と薄味の味噌と和えて食べる。

⑨サワラ（サゴシ）料理

　大阪では産卵直前のものが好まれている。刺身・照り焼き・塩焼きで食べるのが多い。西京味噌の漬物（味醂でゆるくのばしたユズ味噌の中に1〜2日漬ける）。

⑩マダイの料理

　旬は春。刺身・姿焼きで食べることが多い。大阪では、マダイの頭と切り取り身を、旬のハモ・サワラ・クルマエビ・ハマグリと合わせ、これに

季節の野菜や湯葉・粟麸などを加えて魚スキにする。

● たい飯　マダイは姿のまま焦げ目がつかないように焼き上げる。ご飯用の洗い米には薄味に調味したダシ汁を加え、その上に焼き上げたマダイをのせて炊く。大阪風タイ飯。すしの材料として、生後1〜2年の小ダイの雄は、酢漬けにしてから箱ずしや雀すしの具とする。

⑪ イイダコ料理

腹に米粒状の卵をもつイイダコは、塩茹でして、白味噌酢でワケギと和える。イイダコとサトイモを醤油と味醂での煮もの。

⑫ エビジャコ（小エビ）料理

● エビジャコナスビ　エビジャコは古漬けナスと炊き合わせる。

⑬ メゴチ料理

夏のメゴチと（コチの稚魚ガッチョ）は煮物で賞味する。

⑭ アコウダイ料理

洗いで賞味する。

⑮ マダコ料理

タコとキュウリの酢のもの、タコのすき焼きなどがある。

⑯ トラフグ料理

刺身・鍋の具・から揚げ・雑炊など。フグの毒性成分のテトロドトキシンは猛毒であるから、調理はフグ調理師免許の取得した人のみができる。皮・卵巣・肝臓には毒性成分を含む。中毒を起こした場合は、素人が調理して猛毒を含む器官を食べたか、包丁がその器官に触れたために、毒性成分が毒性成分を含まない身肉についてしまったことなどが考えられる。

白子（精巣）に毒性成分を含まないのはトラフグだけで、焼いたり、鍋の具にしたりして食べる。格段に美味しい器官である。

⑰ うどん鍋

うどんすきともいう。ハマグリ・焼きアナゴ・鶏肉・エビイモ・シイタケ・ニンジン・生湯葉・粟麸・カブ・ハクサイ・ホウレン草・水菜・キヌサヤ・エンドウなどを具とする煮込みうどん。しこしこした食感のうどんは味が浸み込むまで煮立てる。

⑱ クロダイ（チヌ）料理

質素な家庭の正月料理として塩づけしたクロダイを用意する。家族全員で15日がかりで食べる。実際には、慶事の料理で、食べずにじっと見る

だけなので「睨み鯛」といった。

⑲昆布の利用

大阪の加工昆布の原料は、北海道に求めている。昔、北前船で大阪に運ばれた昆布の利用から生まれたのが大阪の昆布料理である。佃煮・身欠きニシンを巻いた昆布巻き・ウナギの青コブ巻きの南蛮漬けなど土産品や贈答品として利用されている。

⑳大阪ずし

上方ずし、なにはずしともいう。押しずし、箱ずし、散しずしを蒸した蒸しずしが多い。代表的なものにバッテラがある。江戸前の握りずしに対して、箱ずしであるのが特徴。大阪ずしの発祥はこけらずし（柿ずし）にあるといわれている。押しずしの系統で、すしタネを薄く切って、すし飯の上に並べると、屋根葺きのこけら板に似ているので「こけらずし」の名がある。

室町時代や安土桃山時代、江戸前期や中期に酢を用いない馴れずしと似たようなことが書かれていることから、すし飯を使わない押しずしや箱ずしは、古くから作られていたと推測できる。

現代の箱ずしの形に定まったのは、明治20年頃に、大阪・船場に「吉野ずし」が現れ、マダイ・マサバ・クルマエビ・アナゴ・卵焼きを用いた箱ずしを提供するようになってからのようである。

㉑シャコ料理

● シャコの塩茹で　活きたシャコをそのまま塩茹でして、二杯酢または辛子酢味噌をつけて食べる。殻をはずしてから食べる。泉南地方の郷土料理。

どて焼き

▼大阪市の1世帯当たりの食肉購入量の変化 (g)

年度	生鮮肉	牛肉	豚肉	鶏肉	その他の肉
2001	42,081	12,229	14,463	11,760	1,829
2006	38,517	9,872	14,886	11,392	1,291
2011	44,858	9,749	17,664	14,483	1,563

　「食の都」「食い倒れの大阪」といわれているほど、大阪の人々は安価で美味しいものを見つけるのが得意のようである。畜産農家は兵庫県や京都府に比べると少なく銘柄牛や銘柄豚、銘柄鶏の種類は多くないものの、大阪府で栽培・生産される農産物、畜産物、林産物、大阪湾で採取され大阪府内の漁港や魚市場に水揚げされる水産物が多く、比較的手ごろな値段で美味しい食べ物を入手できる。また、大阪の特産物として全国に知られているものが多い。

　大阪の食べ物には、たこ焼き、きつねうどん類、お好み焼き、焼肉、串揚などB級グルメに取り上げられる食べ物についてはよく知られている。また、東京では高価な値段の「フグ料理」が庶民的な価格で食べられるという、金額的には魅力ある料理もある。一方で、東京で高級料理店として構えている「吉兆」や「なだ万」の発祥の地は大阪であることから、大阪の料理には日本料理の最高峰の位置にあるといえるものもある。上記の表は2001年度、2006年度、2011年度の総理府の「家計調査」による大阪市の1世帯当たりの食肉の購入量である。2001年度、2011年度の大阪市の1世帯当たり生鮮肉購入量は、近畿地方全体の1世帯当たりのに比べると両者とも961g少ない。しかし、2006年度の大阪市の生鮮肉の購入量は、近畿地方の購入量に比べると4,811g も少ない。2006年度の購入量の減少の原因については明らかではないが、牛肉の購入量に関係がありそうである。2011年度の大阪市の1世帯当たり牛肉購入量は少なくなっているが、豚肉と鶏肉の購入量が多いので、生鮮肉全体の購入量が少なくならず、近畿地方の生鮮肉の購入量との差があまり大きくなかったと思われる。

凡例　生鮮肉、牛肉、豚肉、鶏肉の購入量の出所は総理府発行の「家計調査」による

大阪市の肉を使った郷土料理には、肉吸い、お好み焼き（ぼてじゅう）、どて焼きがある。また、焼肉、焼き豚、ホルモン料理など勤め人も利用しやすい食べ物の店が多い。

　大阪市の各年度の生鮮肉に対する牛肉の購入量の割合は、近畿地方全体に比べて多い。各年度の大阪市の豚肉の購入量の割合も近畿地方に比べて多い。一方、鶏肉の購入量の割合は近畿地方に比べて減少している。大阪市を中心とする近畿地方には牛肉志向によるものと思われる。大阪の食肉文化においては、鯨肉を利用した「はりはり鍋」がある。クジラは、生物学的分類では哺乳類に属するものとして取り扱われている。大阪の「はりはり鍋」はよく知られている料理である。その他の肉には鯨肉も含まれていると思われる。

知っておきたい牛肉と郷土料理

銘柄牛の種類　大阪府の近県には、兵庫県の神戸ビーフや但馬牛、滋賀県の近江牛など全国に知れ渡っている銘柄牛があるのに対し、地場産業の梅酒漬けの梅の有効利用として開発した「大阪ウメビーフ」があるのみである。

❶大阪ウメビーフ

　牛の肥育に必要な飼料の中に、地場産業の「チョーヤの梅酒梅」（大阪府南河内）の酒漬け製造の際に残る梅を混ぜる。肉牛の肥育や食味改善に関する研究の結果、誕生した肉牛である。肉牛の品種は黒毛和種、ホルスタインと黒毛和種の交配種である。生産者は大阪ウメビーフ協会で、2002（平成14）年に特許庁は商標登録の出願をしている。1頭に対して1日当たり1kgの漬け梅を、6か月以上給与する。給与する漬け梅は、果肉をつぶさないで硬い種子（核）を潰すように加工する。この漬け梅には、食物繊維、クエン酸、オリゴ糖、約14%のアルコールを含む。これらの成分により食欲増進や整腸作用により健康なウシに育てあげている。精肉の味は、あっさりしていると評価されている。梅の実に含まれる食物繊維が胃腸の働きを順調にする働きがあるので、健康なウシに育てることができるといわれている。

　ほとんどが精肉専門店での販売で、消費者には人気があると伝えられている。

牛肉料理　鉄板焼き、網焼き、炭火焼などがある。

- **すき焼き**　大阪市を中心とする関西地方の牛肉すき焼きは、江戸時代前期の「鳥のすき焼き」がルーツといわれている。農機具の鋤の上で焼くから「すき焼き」といわれているように、牛肉を焼いてから、「だしたまり」（現在のタレ）につけて食べる。関東はすき焼き鍋に牛肉やその他の具を入れてタレまたは「割りした」で煮込んだものと区別されている。

- **しゃぶしゃぶ**　最上の牛霜降り肉を薄くスライスして、熱した湯の中を"しゃぶしゃぶ"と潜らせて肉の表面が色付き味わいが広がった時に引き上げて胡麻だれを漬けていただく。1910（明治43）年開店の「（永楽町）スエヒロ本店」の店主が、おしぼりを洗う音をヒントに命名したといわれている。

- **清涼煮**　しゃぶしゃぶの要領でいただく料理で、しゃぶしゃぶの肉より厚めの肉を使い、少し煮る感じで料理する。たれは、胡麻だれと、大根おろしにポン酢と卵黄を加えた黄身おろし。

- **肉吸い**　「肉吸い」とは、肉うどんからうどんを抜いたもので、かつお節や昆布からとっただしに、牛肉と半熟卵を入れた大阪名物。豆腐を入れることもある。うどんのだしに肉（牛肉）が入っているので「肉の吸い物」または「肉吸い」とよばれている。難波千日前にあるうどん店「千とせ」が発祥といわれている。芸能人が二日酔いの際の軽い食事として「肉うどんのうどん抜き」を注文したことから、このうどん店のメニューとなったらしい。

- **どて焼き**　「どて焼き」とは、牛スジ肉を味噌やみりんで時間をかけて煮込んだものである。すなわち、鉄鍋の内側に味噌を塗り、その中央でまず具材を焼き、熱により溶けだした味噌で煮込む。鉄鍋の回りの味噌の盛り方が土手のようであることから「どて（土手）鍋」といわれている。単に「どて」ともいうことがある。

- **串カツ**　牛肉に衣をつけて揚げたもので、大阪名物の串揚げの仲間。

- **御堂すじ**　軟らかく煮込んだ牛スジ（串に刺す）を、ニンニク醬油で煮込み、最後にカレーパウダーをふりかけて食する。

Ⅱ　食の文化編

- **オムライス** オムレツと炒めご飯が合体した大阪生まれの洋食。1926（昭和元）年創業の心斎橋の明治軒が発祥といわれている。このお店のオムライスはチキンライスではなくて牛肉が使われる。長時間煮込んだ牛肉をミンチにして、玉ねぎとライスとともに炒め、オムレツで包み、特製ソースを掛ける。

知っておきたい豚肉と郷土料理

銘柄豚の種類 「犬鳴ポーク」は大阪府唯一の銘柄豚で、品種はバークシャー種（黒豚）か交雑種（バークシャー種×デュロック種）。精肉は泉州でしか販売していない。大阪・泉州の銘柄豚ともいわれている。エコフィードを給与して飼養している。インターネットの「食べログ」には、しゃぶしゃぶや焼肉で食べさせる店が多い。

❶犬鳴（いぬなき）ポーク

大阪府の銘柄豚には、「犬鳴豚」のみが生産され、流通している。㈲関紀産業の養豚場で肥育している。「川上さん家の犬鳴豚」で商標許可を得ている。良質な餌を投与して肥育し、美味しい豚肉を生産している。

豚肉料理 串焼き、焼きトン、トンカツ、しゃぶしゃぶ、ホルモン焼き、煮込み料理などが多い。とくに大阪は焼肉店が多く、材料として豚肉や内臓（ホルモン）が使われている。焼肉店では、ランドレース種、大ヨークシャー種、中ヨークシャー種、バークシャー種、デュロック種などいろいろな品種のブタを利用している。しゃぶしゃぶは大阪が発祥の地といわれているが、もともとは島根県のすき焼きをヒントに考案した食べ方である。大阪が発祥といわれているものには、しゃぶしゃぶの他に、たこ焼き、親子丼、オムライスがある。

- **お好み焼き、ぼてじゅう** お好み焼きの具、「ぼてじゅう」をつくるときに上下の生地にスライスした豚肉を挟めてお好み焼きのように焼いたもの。生地の間に挟めるのは、豚肉だけではなく、イカやタコなども使われる。

- **ホルモン料理** ブタの内臓（腸管、肝臓、心臓）だけでなく、ウシの内臓の串焼きや煮込みがある。

- **串カツ** 揚げる油はラードとヘットを調合。特製ソースを付けても良いが、辛子酢、醤油、ニンニク入りマスタード、山椒塩、レモンなど揚げ

た素材によって使い分ける店もある。

- **ねぎ焼き**　刻みネギをたくさん入れたお好み焼きで、豚バラをトッピングして焼き、レモン汁を少しかけ、醤油味で食べる。

知っておきたい鶏肉と郷土料理

現在のところ、大阪府では銘柄鶏は開発されていない。

- **屋台焼肉**　牛肉、豚肉、鶏肉、ラム肉を焼いて食す。牛肉、鶏肉、豚肉、ラム肉などの魅力を楽しませる屋台。味噌だれ、塩だれ、ポン酢だれなどで食す。「屋台焼肉」は、15～25坪の規模で効率よく儲ける仕組みとなっている。大きな焼肉店では真似のできないメニューを提供できる利点のある小規模店である。

知っておきたいその他の肉と郷土料理・ジビエ料理

- **はりはり鍋**　大阪の鍋料理の一つ。くじら料理、たきたきともいう。西玉水（日本橋）が有名。安くて美味しい物をこよなく愛する"食い倒れの街"大阪、今では高級料理となってしまった鯨料理も以前は庶民の食べものだった。鯨肉と水菜を組み合わせた鍋料理である。昆布だしに薄口しょうゆを加えた鍋に鯨肉と水菜を入れ、水菜のしゃきしゃき感（はりはりしている感）を楽しむ。肉と一緒に生姜汁でいただく。鯨専門店では提供する料理。

- **ころの味噌鍋**　クジラの皮下脂肪から油を取ったあとで、コロコロしているので"ころ"という。関東炊きに欠かせない具。水で戻したころを1cmくらいに切り、豆腐とささがきごぼう、糸こんにゃく、キノコ類を入れて味噌で煮て、最後に水菜を入れる。溶き卵につけながらいただくとなおよい。

- **さらし鯨の辛子味噌和え**　大阪の夏の食べ物。クジラの尾びれの皮下脂肪を薄く切って茹で、脂肪を除き、氷水に取り冷やし、きゅうりの薄切りと一緒に辛子酢味噌で和える。（茹でる前は）雪のように白いので"尾羽雪（おばゆき）"といい、これがなまって"おばけ"ともいわれる。

大阪のジビエ料理
大阪ではイノシシやシカの捕獲がなく、兵庫県や京都府、あるいは和歌山県などの各地から取り寄せたジビエ料理の店が多い。ジビエといわずにマタギ料理として提供し

Ⅱ　食の文化編　　89

ている店もある。大阪のジビエ料理あるいはマタギ料理の店は、ジビエの
フランス料理、イタリア料理を提供する店が多く、いわゆる日本の猟師料
理といわれるものを提供する店は存在しない。

　大阪のNPO法人が、ジビエの利用を担当している公的機関の部署の依
頼によりジビエ食用化を考えている。現在のところ、シカ肉を入れたレト
ルトカレー、コロッケなどにすることにより、少しずつシカ肉の利用が普
及している。

地 鶏

▼大阪市の1世帯当たり年間鶏肉・鶏卵購入量

種　類	生鮮肉 (g)	鶏肉 (g)	やきとり (円)	鶏卵 (g)
2000年	42,361	10,989	2,069	38,338
2005年	41,426	12,314	1,712	31,088
2010年	46,197	15,209	1,532	31,266

　各都道府県には、少なくとも1種類の銘柄地鶏はあるのだが、大阪府には銘柄地鶏が見当たらない。一方、伝統野菜や大阪湾で漁獲される魚介類の郷土料理や名物料理は多い。大阪の名物料理で鶏肉を使うものとしては、「美々卯」の「うどんすき」がある。太めでコシのあるうどんを、だし汁の中で煮込む料理である。だし汁には15～16種類の山の幸・海の幸の具のうま味成分も含み、煮込むことにより具のうま味が溶け込んだだし汁がうどんに浸みこみ美味しくなる。具として食肉類では鶏肉、魚介類ではブリ・イカ・エビ・ハマグリ・マダイ・焼きアナゴなど多種多彩であり、野菜類の種類も多く利用されている。

　「食い倒れ」の大阪では、価格が安くて美味しいものが多い。代表的なものが「ホルモン料理」である。第二次世界大戦後に日本は深刻な食糧難時代に突入する。この時に、関西を中心に普及したのが、牛・豚・鶏の内臓を用いたホルモン焼きやホルモン煮込みである。「ホルモン」の意味は「『ホル』は『ほうる』、すなわち『捨てるもの』」に由来するといわれている。現在でも大阪には、ホルモン料理で賑わっている地域がある。B級グルメに多い内臓を使った料理も大阪のホルモン料理を参考にしているところが多い。

　2000年、2005年、2010年の大阪市の1世帯当たりの生鮮肉、鶏肉、鶏卵の購入量をみると、大津市や京都市の購入量に比べてやや少ないのは、京都や大津市の家庭ほど、家庭での鶏肉の料理は多くないことを示している。すなわち、大津市や京都市は、水炊き、しゃぶしゃぶ、すき焼きなどの鶏肉の鍋料理で食べるが、大阪市の家庭では鶏肉の鍋料理を食べないと

推測している。一方、大阪市の1世帯当たりのやきとりの購入金額は大津市や京都市の家庭に比べて多い。食糧難時代に経験した家庭で動物の内臓を食べる習慣が普及したことと関連がありそうである。

また堺市は鶏卵の購入金額が全国3位になる程である。

知っておきたい鶏肉、卵を使った料理

- **小田巻蒸し**　うどん入りの大きな茶碗蒸し。具は、蒲鉾、生麩、ぎんなん、百合根、しいたけ、焼き穴子などで、冠婚葬祭に欠かせない料理。名前は、中に入れたうどんが、機織の際の紡いだ麻糸を中が空洞になるように巻いた苧環（おだまき）に似ていることに由来する。ちなみに、北海道の茶碗蒸しは甘くて栗の甘露煮が入り、鳥取では具として"春雨"が入る。

- **たまごサンド**　関西の"たまごサンド"は、みじん切りのゆで卵をマヨネーズであえた具（フィリング）をはさんだサンドイッチではなくて、玉子焼きをサンドした方が主流。ケチャップとマヨネーズで味付けをして食べる。心斎橋の「ばんざい亭」などが有名。ちなみに関西のホットドッグには、ソーセージの下にカレー味の炒めたキャベツが必須アイテム。

- **伊達巻寿司**　大阪で昔から食べられている郷土料理。太巻寿司を、海苔ではなくて玉子焼きの伊達巻で巻いた巻寿司。具は土地土地で異なるが、基本的に太巻きと同じで、玉子焼きやかんぴょう、椎茸、きゅうり、紅しょうがなど。千葉県銚子市でも食される。伊達巻は、溶いた卵に、白身魚のすり身を加え、味醂と塩などで味付けをして、厚く焼き、切り口が渦巻状になるように鬼簾で巻いたもの。祝い事や正月料理の彩に用いる。伊達巻をお皿に盛り付ける際、"の"の字になるようによそう。伊達は、粋で外観を飾ることを意味し、婦人の和服で締める伊達巻にも似ているので、伊達巻とよばれる。

- **他人丼**　"親子"の関係の、鶏肉と卵を使うのではなくて、鶏肉の代わりに牛肉や豚肉を使うところから"他人"丼という。肉を親子丼と同じように、玉ねぎや長ネギと割り下で煮て、卵でとじ、ご飯に載せた丼料理。関西では牛肉が、関東では豚肉が使われる傾向がある。関東より関西で一般的な料理。関東では牛肉を使うと"開化丼"とよばれることが多い。

- **木の葉丼**　親子丼や他人丼の肉を蒲鉾に替えた卵とじの丼料理。
- **きつね丼**　親子丼や他人丼のお肉の代わりに油揚げを使い、ねぎと一緒に割り下で炊いて卵でとじた丼料理。京都の"衣笠丼"に近い。
- **たぬき丼**　きつね丼の油揚げの代わりに天かすを使い、ねぎと一緒に割り下で炊いて卵でとじた丼料理。
- **鴨ねぎ丼**　焼いた鴨肉の歯ざわりとうまみ、そして焼いたネギからあふれる甘さが鴨の脂とマッチした絶品丼。
- **かしみん焼き**　大阪府南西部に位置する岸和田市の浜地区で提供されるお好み焼き。具に、かしわ（鶏肉）と牛脂のミンチが必ず使われる。かしわとミンチから"かしみん"とよばれる。こりこりした鶏肉と牛脂の組み合わせは、シンプルだがコクがあるので、一度食べたら忘れられない味。岸和田は「だんじり祭り」で有名。

卵を使った菓子

- **乳（ちち）ボーロ**　馬鈴薯でんぷん、砂糖、鶏卵などを練り、丸くまとめて焼いた焼き菓子。口に含むとふんわりとした香りが広がり、スッと溶ける独特の食感。京都では「衛生ボーロ」とよび、関東では「たまごボーロ」、九州では「栄養ボーロ」とよばれる。
- **冬六代（ふゆろくだい）**　高槻市の「菓匠幸春」が江戸時代から作り続ける北摂銘菓の餡巻き。小麦粉、卵、砂糖で作ったカステラ生地で、自家製のつぶ餡を巻いた和菓子。餡の割合が多いのでしっとり感があり小豆の香りも楽しめる。第21回全国大菓子博覧会で「名誉大賞」を受賞。
- **浪花津**　120年以上前に生まれた大阪銘菓。小麦粉を使った、お札のような形のたまご煎餅で、天神さんと親しまれている大阪天満宮の門前に元治元年創業の菓子司「薫々堂」が作る。"浪花津"は落語好きの6代目が考案し、柚子、生姜、みその3種類の味が楽しめる。他にも落語に因んだお菓子が多い。今も一枚一枚職人の細やかな手作業で焼き続けている。

たまご

- **ルテインたまご**　植物性の飼料にルテインを含むマリーゴールドを加えて産んだ卵。あっさりした爽やかな味わい。料理をしても黄身の色は輝

くオレンジ色。ルテインはカロテノイドの一種で目の健康に良く、目の疲れを和らげ、抗酸化作用が注目されている。ゴールドエッグ㈱が生産する。

● 夢想丸 健康な若どりにこだわりの専用飼料、そして天然の風を与え、自然のパワーをいっぱい受けた、新鮮で安全なおいしい卵。弾力のある新鮮な卵なので生で味わいたい。農林水産大臣賞受賞。岸和田の大北養鶏場が生産する。

県鳥

モズ、百舌鳥（モズ科） 留鳥。名前の由来は、いろいろな鳥の鳴き声を真似るところから "百舌" とついた。英名は、Blue-headed Shrike というが、頭は青くなく、胸と同じ茶褐色である。

汁　物

汁物と地域の食文化

　大阪の食生活は、京都のケチで上品な味付けの影響を受けているといわれている。とくに、大阪商人は京都のケチぶりを学びに行き、それを大阪商人の合理性に反映していると考えられている。江戸時代の大阪の庶民の台所を支えたのは、河内や浪速の農業であり、大阪湾や瀬戸内、泉南の魚介類であった。船場の商売人の家では、使用人は月に二度ほどしか魚介類を食べることができなかったが、経営者（だんな）は、夜になると料亭で旬の魚介類を賞味したといわれている。割烹料理の店ができたのは、大阪が最初である。その割烹料理店もカウンタースタイルで、料理人が客の納得のいく料理を提供するという関係が生まれた。このことが、大阪に美味しい料理が生まれた理由である。

　大阪商人の問屋町を中心地の船場に伝わるサバの「船場汁」は、安価な塩サバ、ダイコンと一緒に煮た塩汁と、昆布だし汁・日本酒で調味したものである。汁の少ないものはサバ煮といわれている。栄養分を含むサバを安い費用で美味しく食べるという大阪らしい考えの料理である。

　クジラ料理が紹介されるようになったのは江戸時代である。大阪や西日本では、クジラは庶民的食材として利用されていた。大阪にはクジラ料理専門店も多かった。水菜（京菜や壬生菜）とクジラ肉（腹身や霜降り肉）を、クジラ肉から出るだし汁で煮込んだ「はりはり鍋」も、大阪の庶民の汁物であった。

　ダイコンおろしに黄身酢を加えた薬味をつけて食べる。大阪では関東で提供される「おでん」を「関東炊き」といっている。おでんの汁も飲むのでおでん種（こんにゃく、はんぺん、豆腐、ダイコン、茹で卵などいろいろ）も汁物のカテゴリーに含める場合もある。

凡例　1世帯当たりの食塩・醤油・味噌購入量の出所は、総理府発行の2012年度「家計調査」とその20年前の1992年度の「家計調査」による

汁物の種類と特色

「食い倒れの街」として知られている大阪は、江戸時代からの伝統野菜を大切に継承しているかたわら、「たこ焼き」「お好み焼き」「うどん」など粉物の庶民的な食べ物が人気であり、関東では高値のためめったに食べられないフグ料理も安く食べられる。

汁物としての郷土料理には、大阪商人の問屋町の中心・船場に伝わる安上がりの栄養のあるサバの1尾をまるごと使う「船場汁」、うどんを煮ながら美味しく食べる「うどんすき」、雑魚のすり身の団子を入れた澄まし汁の「くずし汁」(「くずしの炊き食い」ともいう)、肉うどんからうどんを除いたかつお節と昆布だしのシンプルなスープの「肉吸」、若ゴボウの味噌汁の「若ゴボウ汁」、泉州ナスの味噌汁の「ナス汁」、関東風おでんの「関東炊き」などがある。

醤油・味噌の特徴

❶醤油の特徴

和歌山の湯浅地区の醤油をはじめ全国の醤油が利用されている。丸大豆醤油に昆布だしを加えた「昆布だし醤油」は冷奴、お浸し、漬物の付け醤油として利用されている。

❷味噌の特徴

1823(文政6)年に創業した「大源味噌」がよく知られている味噌である。1914(大正3)年に創業した「一久味噌醸造」は、現代の人々の嗜好に合わせた各種の味噌を提案している。

1992年度・2012年度の食塩・醤油・味噌の購入量

▼大阪市の1世帯当たり食塩・醤油・味噌購入量(1992年度・2012年度)

年度	食塩（g）	醤油（mℓ）	味噌（g）
1992	1,996	10,156	5,334
2012	1,494	5,014	3,939

▼上記の1992年度購入量に対する2012年度購入量の割合（%）

食塩	醤油	味噌
74.8	43.5	73.8

　1992年度、2012年度とも大阪市の1世帯当たり食塩・醤油・味噌購入量は、近畿地方でも最も少ない。1992年度に対する2012年度の醤油購入量の減少は、食塩や味噌に比べて大きい値である。理由は札幌、東京都、京都府、各県庁所在地にみられるように外食の機会の増加、持ち帰り惣菜や弁当の増加、高齢化に伴う喫食量の減少、学校や官庁や会社の給食の利用など諸々の要因による家庭での醤油の利用が少なくなってきていることも考えられる。

地域の主な食材と汁物

　江戸時代から「天下の台所」とよばれたように、全国的な経済・流通の中心地として栄えた。古くから大阪府は食を支えるための野菜栽培が盛んで、大阪独特の伝統野菜を栽培してきている。瀬戸内海の東側に当たる大阪湾の周囲の陸上は工業地帯のため、水質汚染によって魚介類の棲息は難しいが、瀬戸内海の内湾性の魚介類や太平洋の魚介類は紀伊水道を通して回遊してくる。瀬戸内海や大阪湾周辺の魚介類が水揚げされる。また、水揚げされた魚介類は、無駄をしないように保存食に加工している。大阪人の生活力は、大阪の市場に水揚げされる魚介類と大阪市周辺の農作物により「食い倒れの街」といわれる独特の食文化を構築した。

主な食材

❶伝統野菜・地野菜
　大阪府の「なにわの伝統野菜」には、毛馬キュウリ、玉造黒門越ウリ、勝間南瓜、金時ニンジン、大阪しろな、天王寺カブ、田辺ダイコン、芽紫蘇、三島ウド、服部越ウリ、鵜飼ナス、吹田クワイ、泉州タマネギ、高山真菜、高山ゴボウ、その他（ネギ、芽キャベツ、春菊など通常の野菜も栽培）

❷主な水揚げ魚介類
　カタクチイワシ、コノシロ、イカナゴ、ハモ、アジ、アナゴ、マサバ、マダイ、タチウオ

主な汁物と材料（具材）

汁　物	野菜類	粉物、豆類	魚介類、その他
ぼうりだんご	ダイコン	米粉／小麦粉→団子	じゃこ、味噌仕立て
のっぺ汁	ニンジン、ゴボウ、サトイモ、ダイコン	油揚げ、片栗粉	竹輪、コンニャク、調味（塩／醤油）
船場汁	ダイコン、ネイ、ショウガ、柚子		サバ、ダシ（昆布）、食酢
関東炊き（おでん）	ダイコン、ジャガイモ、サトイモ	厚揚げ	コンニャク、卵、薩摩揚げ、竹輪、牛肉、クジラ、昆布、ダシ（かつお節）、調味（醤油、砂糖、塩、みりん）
若ゴボウ汁	若ゴボウ、サトイモ、ダイコン、ニンジン		コンニャク、豚肉、だし汁、味噌仕立て
肉吸い			だし汁（かつお節、昆布）、肉（種類は好み）
うどんすき（寄せ鍋）	野菜類	麺類	鶏肉、魚介類
くずし豆腐汁	青ネギ、おろししょうが	きぬ豆腐	ちりめんじゃこ、塩、昆布、澄まし汁
ナス汁	ナス		味噌汁

郷土料理としての主な汁物

　大阪のたこ焼き、お好み焼き、うどんは、粉物文化の代表であり、大阪の庶民の食文化である。この簡素で材料費も安い食べ物が、見栄や格好をつけない実質的な生活から生まれたものであるといえよう。

●**船場汁**　塩サバを焼いて身を食べた残りの粗とダイコンで作る澄まし汁である。汁の味は塩サバから出る塩分で調える。ネギやショウガで魚臭みをマスキングする。汁を多くしたのが船場汁で、汁の少ないのが船場煮となる。船場汁は、寒い日に体を温める汁物である。

●**関東炊き**　東京のおでんのようにかつお節だしと醤油味で煮込んだ「おでん」のため、関東炊きの名がある。素材はダイコン、ジャガイモ、コ

ンニャク、厚揚げ、茹で卵、薩摩揚げ、竹輪、牛筋肉、クジラ、昆布などである。

- **くずしの炊き食い**　小エビやテンジクタイをすり鉢で擦ってすり身を作り、このすり身の団子を澄まし汁に落とす。くずしの炊き食いには、水菜、春菊、ネギなどの青菜も入れる。青菜は、鍋に入れたらすぐに引き上げて食べられるので、「炊き食いができる」に由来する料理名。
- **うどんすき**　「うおすき」の発達した鍋料理で、うどんを煮ながら食べる、大阪独特の料理である。鉄製の大平鍋にだし汁を入れ、うどん、海の幸や山の幸など15〜16種類を入れて、煮ながら食べる。
- **きつねうどん**　けつねうどんともいう。大阪の庶民的うどんの種類で、うどんに油揚げをのせ、淡口醤油で味を調えて昆布だし汁（麺つゆ）をかける。
- **鯨鍋**　はりはり鍋のこと。水菜と鯨肉の鍋もので、水菜のパリ炊き、水菜のタキタキともいわれている。商業捕鯨や調査捕鯨に関する国際的問題からクジラの入荷が少なくなり、同時に鯨料理の店も減少した。
- **肉吸い**　肉吸いは、肉うどんからうどんを除いたもの。かつお節のだし汁や昆布のだし汁を使ったシンプルなスープにたっぷりの牛肉と半熟卵の入ったもの。難波千日前の「千とせ」といううどん店が発祥の店との言い伝えがあるが、肉吸いの発祥については、大阪喜劇とのいくつかの伝説も残っている。
- **八尾若ゴボウ汁**　中河内の自慢の農作物で、地産地消の観点から生まれた八尾若ゴボウ料理の中の汁物。若ゴボウ、サトイモ、ダイコン、ニンジン、コンニャク、豚肉をだし汁の中で煮て、味噌仕立てにしたもの。
- **のっぺ汁**　他の県の「のっぺい汁」と同じく身肉を除き、根菜類、芋類、油揚げ、コンニャクなどを煮込み、塩と醤油で調味し、最後に片栗粉でとろみをつけた具の多い汁物である。冬に体を温める汁物として作られる。

伝統調味料

地域の特性

▼大阪市の1世帯当たりの調味料の購入量の変化

年　度	食塩（g）	醤油（ml）	味噌（g）	酢（ml）
1988	2,875	13,579	7,150	3,019
2000	2,249	8,344	5,253	2,839
2010	1,346	5,693	3,304	3,062

　商人の町・大阪では、商い（昔は「商内」と書いた）の中に必ず食に関することが取り込まれ、独自の発展をしてきている。かつては、その商いや商談の中に信用が基本としてあり、商談がまとまれば茶屋や料理屋で飲食を共にし、最後に手合わせ（手打ち酒）を行うという習慣があった。大阪の料理はしばしば「始末の料理」といわれる。始末の精神とは、大阪商人の気質に相通ずるものがあった。「始末」とは、「始め」と「末（終り）」を意味すること、すなわち物事の辻褄がきちんと合っていること、ソロバン勘定ができていることを意味している。例えば、鮮度の悪い魚を買ってきて腐らせてしまうのでは、魚を買った意味がない。買うなら、少々値段が高くても鮮度の良い魚を買って、無駄なく食べつくすことが大阪の料理であることが、大阪の「始末の料理」の意味である。

　大阪には、京都のおばんざいというスタイルの食生活がないためか、食塩をはじめとする各種調味料の1世帯当たりの購入量は、京都よりも多い。大阪には、魚市場、青物市場などがあり、魚介類や野菜類の入手は便利なところがあった。明治時代の大阪の惣菜の特徴は山海の旬を合わせるところにある。大阪の商人の街、船場の商家の普段（「ケの日」）の食生活は、茶漬け、漬物の一汁一菜の質素な食事であった。商家で働く人々は、この食生活では、健康によくないことに気づいていたらしく、「ハレの日」を設けて、魚やアズキご飯などを食べた。ハレの日は毎月1日と15日と決

めてあった。各商家には馴染みの仕出し屋があった。各商家は、「ハレの日」のために必要なすべての器を揃え、仕出し屋は商家の台所で新鮮な魚介類や旬の野菜を料理し、商家自前の器に料理を盛る。大阪の仕出し屋の間では、月ごとに移り変わる食材を吟味調理し、料理の腕を競い合った。そんな仕出し屋の競い合いから、大阪を代表する料亭も生まれた。

船場の家庭の毎日の食事は、野菜の炊いたもの、船場汁、海藻類の炊いたものが多かった。船場汁とは、塩サバと大根の汁もので、塩サバの塩と魚の味をそのまま「だし」に利用したものである。船場汁を煮込んだものは船場煮である。いずれも1尾を頭から尾まで捨てることがなく、栄養分の多い料理である。「ハレの日」には、普段の茶漬けのほかに汁物が用意されるが、その他に、夏はハモ料理、アジの塩焼きが供されることもある。

大阪の人々はうどんをよく食べる。「きつねうどん」「かちんうどん」「おじやうどん」「うどん鋤き」などがある。大阪ではうどんといえば「きつねうどん」（けつねうどん、ハイカラ、信田ともいう）を指す。うどんに油揚げをのせたもので、明治の頃に考案されたものらしい。油揚げは醤油と味醂で甘く煮込んだものを用意する（1時間ほど表と裏の両面を煮込み、ふっくらと仕上げる）。これを2枚のせるのが大阪流である。だし汁は、カツオ節とウルメを入れて淡口醤油で仕上げたものを使う。うどん鋤は、具材として山の幸・海の幸15～16種類を使う。うどんは煮込んで食べる。具材に鶏肉、焼きアナゴ、エビ、ハマグリ、ハクサイ、根菜類を使うので、煮込んでいる間にこれらの具材からだしが出る。

食塩や醤油の1世帯当たりの購入量は、京都のそれよりも多いのは商家の街であるから家庭で惣菜をつくっていることを意味している。

知っておきたい郷土の調味料

大阪市内に限れば、うどん、たこ焼き、お好み焼きなど粉食の盛んな地域である。うどんのだし、たこ焼きのタレにこだわる人も多いに違いない。一方、焼き鳥にもこだわる人がいるから、焼き鳥のタレや味付けに蘊蓄を語る人も多いのだろう。したがって、粉もの向きのタレやソースの商品は多い。

Ⅱ　食の文化編　101

醤油・味噌

　現在の大阪府には、他県ほど醤油・味噌のメーカーの数は多くないが、他の地域の有名な醤油・味噌を販売している店が多い。

● **大阪の醤油**　大阪で醤油を醸造している会社は目立たないが、全国各地の醤油を販売している店はある。大阪は、醤油の発祥の地・和歌山の湯浅地区の醤油が近いためか、浅野の醤油は高級醤油になっている。

● **昆布ダシ醤油**　醤油、だしはこぶだし、鰹節だしを利用している。天然醸造丸ダイズしょうゆに、10倍だしをブレンドし、風味豊かなだし入り醤油である。冷奴、お浸し、漬物のかけしょうゆとして、砂糖やみりんと一緒に煮物にも利用される。

● **大源味噌**　文政6（1823）年に創業した㈱大源味噌は、大阪市南区日本橋筋を拠点に製造販売した。昭和46（1971）年に株式会社となり、大阪市内のデパートでの販売にも力を入れ始めた。一久味噌醸造㈱は大正3（1914）年に大阪市東区広小路町に創立した。最初は小規模で製造・販売したが、後に中央区常磐町で営業を始め、つぎつぎと新商品を展開している。現在の味噌シリーズには、「大坂桜」「さくら赤だしみそ」「白みそ」「金山寺みそ」「にんにくみそ」「田楽みそ」「ぞうにみそ」がある。また麹や甘酒の販売も試みている。

　全国各地の有名な味噌を扱っている阿波屋滝井商店は、梅干し、奈良漬けなども販売している。㈲田村商店も大阪天満卸市場にて、白味噌、八丁味噌、信州味噌など全国各地の味噌を取り扱いながら、漬物は会社の名物として販売している。

ソース

● **大阪ソース**　大阪に、大阪のたこ焼きが登場したのは第二次世界大戦後（昭和20［1945］年以降）であったと伝えられている。小さなボウルに小麦粉の薄い生地を入れ、その中に干しえび・天かす・ネギ・紅しょうが・削り節などを入れて混ぜて焼くお好み焼きは、食料難時代の食べ物として好まれた。このお好み焼きには、それぞれの店で、自家製のタレを作っていたが、後に企業が作るようになる。企業が作れば売れるソース、珍しいソースの開発が急がれた。ある企業が開発した「大阪ソース」

だけで14種類もある。その名も「大阪……」「なにわ……」など、大阪のイメージがインプットされるものばかりである。ベースとなる材料は各種の野菜、果物、香辛料を組み合わせたものである。

　　大黒ウスターソースは、大正12（1923）年に創業した㈱大黒屋が、大阪市内の福島で、新鮮な野菜や果物をベースに10種類のスパイスを入れて、ソースの香ばしさの奥にスパイスの香りと酸味も甘味もほのかに感じる、大阪の庶民のソースとして定着している。

● タカワ（鷹輪）ソース　関西独特の風味のソース。

● オリバーソース　かつて、醤油メーカーの浪速醸造という会社が「オリーブソース」の名で、ウスターソースを製造販売していた。和泉食品が浪速醸造を吸収し、平成16（2004）年に和泉食品とイギリスのオリバー食品が合併して、オリバー食品㈱となり、関西方面を中心に、お好み焼き用ソース、濃厚ソース、ウスターソースなどを製造販売している。

● 串カツ用ウスターソース　熟成ウスターソース（いかり）、イカリソースウスター（イカリソース）、四代目ウスターソース（自由軒）、三つ矢ソースウスター（ハグルマ）、ヒカリウスターソース（光食品）、串かつソース・壺入り（大黒屋）、ヒシ梅ソースウスター（池下商店）、敬七郎ウスターソース（阪神ソース）などがある。

● お好み焼き・豚カツ用濃厚ソース　お好み焼きソース・関西（オリバーソース）、イカリソースとんかつ（イカリソース）、お好みとんかつブラザーソース（森弥食品工業）、おこのみ家（イカリソース）、大黒フルーツソース（大黒屋）、どろソース（オリバーソース）、超激辛ソース（豊島屋）、通天閣乃ソースお好み用（大黒屋）などがある。

ポン酢

● うらら香　老舗割烹「冨久酢」のポン酢を商品化したものが「うらら香」。スダチの果汁の入ったポン酢である。香ばしく、きりりとべたつかず、甘すぎずない。焼肉のタレ、サラダ、冷奴、魚のから揚げに向いている（大阪府和泉市の㈱こばし製）。

香辛料

● 極上七味　明治35（1902）年に設立した和風香辛料専門店の㈱やまつ

Ⅱ　食の文化編　　103

辻田（堺市）の「七味唐辛子」。山椒と唐辛子の調和の素晴らしい上品な香りがある。

郷土料理と調味料

- **うどんすきと味付け**　うどんを煮ながら食べる大阪独特のうどんやその他の具の食べ方。具材に山の幸、海の幸を15～16種類ほど用意し、太めのこしのあるうどんとともに煮ながら食べる。だし汁は昆布とカツオ節で調製し、薬味には紅葉おろし、刻みネギ、スダチ、レモンなどを用意する。
- **関東炊き（または関東煮）**　関東風のおでんのこと。関西では「煮る」ことを「炊く」というのでこの呼び名がある。食材にはコンニャク・タコ・ダイコン・ジャガイモ・ゆで卵・昆布・がんもどき・昆布・クジラの舌・コロ（クジラの脂身）・竹輪など。調味は淡口醤油・酒で淡い色に仕上げる。

発　酵

天野山金剛寺　僧房酒

◆地域の特色

　令制国の摂津国東部および河内国と和泉国のそれぞれ全域で構成され、三国の頭文字を取って摂河泉とも呼ばれる。東京都、神奈川県に次いで日本で3位の人口規模をもつ。中世に「小坂（おざか、とも）」「大坂（おざか、とも）」の名称が登場し、明治に至って「大阪」と改められた。また、「なみはや」の転訛とされる「なにわ（浪速、難波、浪花、浪華）」の古称も、現在に至るまで大阪市街の別称としてよく用いられている。

　西は兵庫県、北は京都府、東は奈良県、南は和歌山県に接し、大阪平野を取り囲むように、北の北摂山系から南へ、生駒、金剛、和泉、葛城山と弧状に山地が存在する。淀川から大和川までの間は、交野山、生駒山などが生駒山系を形成し、大和川から南は金剛山系となっている。瀬戸内海性の気候で、降水量は比較的少なく、平野部で年間1200〜1300mm、山間部で1400〜1500mm程度で、6月と9月に多い。年平均気温は、平野部で15℃、山間部で13℃程度と比較的温暖である。

　農産物としては、全国2位のシュンギク、3位のフキのほか、7位のブドウなどがある。

◆発酵の歴史と文化

　僧坊酒は、平安時代から江戸時代に至るまで、大寺院で醸造された日本酒である。その僧房酒の中でも、大阪府河内長野の天野山金剛寺の僧房酒である天野酒は、高品質の酒として名声が高かった。同寺に残る古文書には、1234（天福2）年にはすでに醸造が行われていたことが記述されている。『御酒之日記』（1489（長享3）年成立）に、天野酒の仕込み配合を記した「菩提泉」の造り方などが記載されている。天野酒は有名な武将や戦国大名なども愛飲したことでも有名で、天野酒に関する、織田信長の黒印状や豊臣秀吉の朱印状が金剛寺に保存されている。しかしながら、幕府の寺院

Ⅱ　食の文化編　　105

統制の強まった江戸前期の明暦年間には製造が中止されたという。1971（昭和46）年に、1719（享保4）年創業の西條合資会社（河内長野市）が天野酒の銘を復活させて製造、販売している。

◆**主な発酵食品**

醤油 堺は、江戸時代には日本屈指の醤油生産地であったと記録されているが、現在では1800（寛政12）年創業の「河又醤油」を前身とする大醤（堺市）が大阪唯一の醤油メーカーとなっている。

味噌 甘口の白味噌をはじめ、濃厚な旨みの豆味噌、赤味噌などが、1823（文政6）年創業の大源味噌（大阪市）のほか、とりゐ味噌（大阪市）、米忠味噌本店（大阪市）などで造られている。

日本酒 江戸時代、大坂は天下一の酒どころであった。摂津、河内、和泉と呼ばれた三州から江戸に向けて大量の酒が運び込まれ、「下り酒」としてもてはやされた。近郷の良質米、周辺の山脈からもたらされる清らかな水で醸された酒は、大阪の生活文化、食の豊かさに育まれ、すっきりとした味と奥行きの深さが持ち味である。歴史の古い酒蔵も多い。
1826（文政9）年創業の大門酒造（交野市）のほか、山野酒造（交野市）、秋鹿酒造（豊能郡）、呉春（池田市）、長龍酒造（八尾市）、西條（河内長野市）など、16の蔵で造られている。

焼酎 酒粕を原料として減圧蒸留をした焼酎が、1822（文政5）年創業の寿酒造（高槻市）で造られている。

ワイン 大阪は昭和の初め、主要なブドウの産地であった。現在も、柏原、羽曳野地域には多くのブドウ畑がある。西日本で最古のワイナリーである、1914（大正3）年創業のカタシモワイナリー（柏原市）、河内産ブドウ100％使用の「河内ワイン」を製造する河内ワイン（羽曳野市）などがある。

ビール 清酒酵母を使ったエールを造る寿酒造（高槻市）のほか、箕面ブルワリー（箕面市）、道頓堀麦酒醸造（大阪市）、ハーベストの丘（堺市）などでクラフトビールが造られている。

ウイスキー 日本最古のモルトウイスキー蒸溜所が三島郡島本町山崎にある。1923（大正12）年、サントリーの創業者である鳥井信治郎は、国産のウイスキーにこだわり、この山崎の地で日本初のウイス

キー蒸溜所の建設に着手した。以来、山崎蒸溜所の歩みが日本のウイスキーの歴史を創り、数多の名酒を生み出してきた。

梅酒　　1959（昭和34）年に梅酒の製造・販売を始めたチョーヤ梅酒（曵野市）は、国内ばかりでなく、輸出にも力を入れ「梅酒」を世界に広めている。

食パン　　ヤマザキパン大阪第一工場（吹田市）、フジパン枚方工場（枚方市）、敷島製パン大阪豊中工場（豊中市）、神戸屋東淀工場（大阪市）などがあり、県別食パン生産量では大阪が1位である。

泉州水なす漬け　　ミズナスは大阪府南部の泉州地域で栽培されている「なにわの伝統野菜」であり、そのミズナスを糠漬けにしたものである。水なす漬物の古漬けと、小エビをショウガと一緒に甘辛く炊き合わせた郷土料理にじゃこごうこがある。

キムチ　　大阪市生野区のコリアタウンなどで、白菜キムチ、イカキュウリキムチ、大根キムチなど、本格的なものが販売されている。

◆発酵食品を使った郷土料理など

大阪ずし　　江戸前の握りずしに対して「箱寿司」といい、酢飯の上にのせる、瀬戸内海の新鮮な魚介類にも味付けして、見た目の美しさにもこだわったものである。大阪発祥の木型に、エビ、魚の切り身などに淡口醤油を振りかけ、酢で味付けしたご飯を入れて押した後、取り出して食べやすい大きさに切る。また、舟形の木型に酢飯と酢で締めたサバ、白板昆布を重ねて押したものを、ポルトガル語の小舟を意味する「bateira」から、バッテラという。

お好み焼き　　水に溶いた小麦粉を生地として、野菜、肉、魚介類など好みの材料を使用し、鉄板の上で焼き上げ、ソース、マヨネーズ、青海苔などの調味料をつけて食べる。全国各地にさまざまな焼き方があるが、「関西風お好み焼き」はその代表的なものである。

たこ焼き　　小麦粉の生地の中にタコと薬味を入れて直径3〜5cmほどの球形に焼き上げた大阪の郷土料理である。紅ショウガ、青海苔、鰹節、ソース、マヨネーズ、淡口醤油などで食べる。

どて焼き　　下茹でした牛すじ肉を味噌や砂糖、みりん、だしで時間をかけてじっくり煮込んだものである。白味噌で甘めの味付け

が多い。

◆特色のある発酵文化

種麹屋　　　　1855（安政2）年に麹屋として創業した樋口松之助商店（大阪市）は、1897（明治29）年から種麹屋として、日本酒、味噌、醤油などの種麹を製造・販売している。

◆発酵にかかわる神社仏閣・祭り

金剛寺（河内長野市）　　真言宗御室派の大本山で山号は天野山である。高野山が女人禁制だったのに対して女性も参詣ができたため、「女人高野」とも呼ばれる。かつて、僧坊酒の代表的なものとされる天野酒の仕込みが行われていた寺である。寺には、愛飲していたといわれる豊臣秀吉からの朱印状などが残されている。かつて、天野酒の仕込みに使われた備前焼の大甕が廊下に置かれている。

◆発酵関連の博物館・美術館

河内ワイン館（羽曳野市）　　創業時（1934（昭和9）年）からのワインラベルや瓶、写真、資料などが展示されている。

山崎ウイスキー館（三島郡）　　ジャパニーズウイスキーの歴史や誕生秘話など、山崎蒸溜所におけるウイスキー造りとその歴史などがわかりやすく展示されている。

◆発酵関連の研究をしている大学・研究所

大阪大学工学部応用自然科学科応用生物工学科　　応用指向性の強い発酵工学の伝統を生かし、酵母を用いた医薬製品製造のための細胞工場、酵母のリソース開発研究等々、産業との連携研究を行っている。

大阪府立大学生命環境科学研究科応用生命科学専攻　　発酵に関する酵素、微生物などの研究が盛んである。これらの成果をもとにした天然酵母を使った発酵塩昆布が産学連携商品として、こうはら本店（大阪市）から販売されている。

公益財団法人発酵研究所　　1944（昭和19）年、内閣技術院と武田薬品工業との共同出資により、有用微生物の収集、保存と航空用の燃料、医薬品、食料の生産研究を目的として設立された。現在は、日本の微生物研究の進歩、発展のために大学などに研究助成を行っている。

都道府県トップ10　食パン生産量（出荷額）

　生産量（出荷額）トップは大阪府（433.6億円）であり全国計3395.1億円の12.8％を占める。2位は愛知県（377.9億円、シェア11.1％）、3位は神奈川県（347.4億円、同10.2％）、以下4位埼玉県、5位東京都、6位千葉県、7位兵庫県、8位岡山県、9位福岡県、10位茨城県である（2019（平成31）年経済産業省工業統計表品目別統計表データより作成）。

発酵から生まれたことば　酒は百薬の長

　適度な飲酒は、ストレス解消、食欲増進など、薬では得られない多くの利点をもっており、どんな良薬にも勝るという意味の諺である。「酒は憂いをはらう玉ぼうき」という諺もある。実際、疫学調査から全然飲まない人よりも少量のお酒を飲む人の方が病気になる割合が低く、長寿であることが知られている。もちろん、過剰飲酒は健康を害する。吉田兼好は、「百薬の長とはいへど万の病は酒よりこそ起れ」と飲みすぎによる弊害を指摘している。食塩は人にとってなくてはならないものであるが、過剰摂取はさまざまな病気の原因となる。お酒も適度な飲酒に心がけたいものである。

Ⅱ　食の文化編　　109

和菓子/郷土菓子

菜種御供団子

地域の特性

本州のやや中央西に位置し、北、東、南の3方を山に囲まれ兵庫・京都・奈良各府県に隣接している。西に大阪湾があり、府域は47都道府県中46番目に小さい。府庁所在地は大阪市。西日本の行政・経済・文化・交通の中心地である。府内は3地域に分けられ、①かつて摂津国とよばれた摂津地方、ここには大阪市がある。②河内国とよばれた河内地方、東大阪市や牧方市がある。③和泉国とよばれた泉州地方、千利休を生んだ堺市や岸和田市がある。

大阪といえば豊臣秀吉の大坂城築城以降、「天下の台所」と称され全国の航路が集まり経済・商業の中心地として大商人が輩出した。菓子文化をみると、茶人や大商人によって育てられた菓子のほかに、北前船が蝦夷から運んだ昆布を使った「くじら餅(鯨餅)」など、大坂が発祥地とも思える菓子が伝えられている。

地域の歴史・文化とお菓子

天神様の御供

①菅原道真公と道明寺

関西の桜餅や和菓子の材料となるに道明寺粉は、道明寺糒を粉にしたもので、藤井寺市の尼寺・道明寺で作られている。糒は「干し飯」で、もち米を水に浸して蒸し、天日で乾燥させて仕上げるため保存食となり、戦の軍量や携帯食となった。これを石臼で軽く挽いたものが道明寺粉で、1000年以上も前から作られていた。

道明寺は元土師寺と称され、学問の神様として知られる菅原道真公(菅公)の祖先・土師氏の氏寺であった。菅公は伯母・覚寿尼がこの寺に住んでいたのでたびたび訪ねていた。901(延喜元)年菅公は、藤原時平一派

の讒言により太宰府（鎌倉幕府成立までは大宰府）に左遷される途中、覚寿尼に暇乞いに訪れ、「噂けばこそ　別れも憂けれ鶏の音も　噂からん里の暁もがな」の歌を残した。道明寺の里人たちは菅公を偲び、鶏を飼わないという風習が今もあるそうだ。

②道真公を偲ぶ覚寿尼

　覚寿尼は、菅公が九州に旅立った後毎日、陰膳（旅立った人の安全を祈り留守宅で用意する食事）を据え無事を祈っていた。そして陰膳のご飯を干し飯にし、つまり糒で、それを粉にして梅の実の形をした黄色の団子をこしらえ参拝者に授与したところ、その団子が多くの人の病いを平癒したという。しかし、無念にも2年後の903（延喜3）年2月25日、菅公は太宰府で59歳の生涯を閉じたのである。

③天満宮の「菜種御供」

　菅公の没後、天変地異や疫病が蔓延し「道真の祟り」だと恐れられ、国家を挙げて道真を祀る神社が出来た。土師寺も道明寺となり、菅公を祀った神社は「天満天神宮」となる。菅公が九州に旅立った日、河内平野は菜の花が一面に咲いていたという。そうした言い伝えから天満宮では、菅公の命日の2月25日（現3月25日）に、「菜種御供」といって、前述の黄色の団子と菜の花を供え供養をした。

④河内の春祭りのさきがけ

　明治の神仏分離で道明寺天満宮と道明寺は分離し、「菜種御供」は道明寺天満宮に引き継がれ現在も「菜種御供大祭」（3月25日）として行われている。団子は、米の粉を梔子の煮汁でよく捏ねて蒸し、臼で搗いて直径3cmほどの団子にする。淡黄色の春らしい団子で、この日には稚児行列の子供たちで賑わい、団子も授与される。境内には植木市や農具市が立ち、土地ではこの祭りを「春ごと」といい、豊作を祈念する日で、また河内の春祭りのさきがけとして人々に親しまれている。

⑤大阪天満宮と大将軍社

　天満天神・天神さんと親しまれる大阪天満宮の境内に、大将軍社がある。901（延喜元）年菅公が太宰府に向かう途中、覚寿尼に会い、そして摂津・中島の大将軍社に参詣して太宰府に船出したと伝えられる。大将軍社の祭神は方伯神といい、西方を司る神・金星とされ、菅公は太宰府への西路の無事をこの神に祈ったとされる。

Ⅱ　食の文化編

菅公没後、約50年たった949（天暦3）年のある夜、大将軍社の前に突然7本の松が生え、夜ごと梢から金色の光を放った。時の村上天皇はこの奇瑞を菅公縁のこととし、天満宮を鎮座させた。天満宮は何度も火災に遭い、現在の位置とは異なっているが、菅公が船出の前に祈りを捧げた大将軍社は今も境内に祀られている。

⑥大阪天満宮「菜花祭」の不思議な神饌

さて大阪天満の例祭は、菅公の命日3月25日（1カ月遅れ）で、この祭りに供えられるのが不思議な神饌の「くじら餅」と「鯨羹」である。「くじら餅」は、普通の白い餅に蓬餅を上にのせた2段重ねで、厚さは15cm、大きさは約30cm四方の正方形である。「鯨羹」は、下層に道明寺糒を使った白い道明寺羹で、上層に昆布を黒く焼いて粉末にし、寒天を繋ぎにしてのせている。まさにこのくじら餅と鯨羹は、鯨の黒い表皮と白い脂肪層を模したもので、神饌としての由来や歴史は神社の方でも不明とされている。

⑦謎を秘める「くじら餅」と「鯨羹」

現在この2つの神饌は、近くの菓子店・薫々堂で調製されている。昭和初期だが玩具絵作家の川崎巨泉に「菜種の御供鯨餅」があり、その絵にはくじら餅（鯨餅）と松や梅の押し物の菓子に菜の花が添えられている。このくじら餅には、蒸し羊羹タイプと鯨羹のような粉末昆布を使った道明寺羹タイプがあるのだが、大阪には蓬餅と白餅の搗き餅でつくったタイプのものがあった。

しかしながらさすが大阪で、蝦夷の昆布を運んだ北前船の終着地らしく、相応しい「鯨羹の御供」と思われた。

行事とお菓子

①えべっさんの「おたやん飴」と「ねじり飴」

えべっさんは恵比寿さんのことで、商売繁盛の神様である。正月10日を「十日戎」といい、"初恵比寿"ともいわれ、9日を宵戎、11日を残り戎と称し、関西では特に盛大に祝われる。

大阪では「今宮戎」「堀川戎」が知られ「商売繁盛、笹持ってこい」の声も賑やかに、福笹をかかげた参詣者で境内はいっぱい。この時土産に買うのが福飴の「おたやん飴」で、お多福飴ともいい金太郎飴状になってい

る。もう一つの「ねじり飴」は延命飴とよばれ、紅白の飴が鈴紐（緒）を模して捩じってある。正月に飴を食べる風習は、中国の「歯固め」の習わしからきていた。

②半夏生の小麦餅（半夏生団子）

　夏至から11日目の７月２日頃を半夏生といい、昔は田植えも終わり植え付け祝いにとれたての小麦ともち米で小麦餅を作った。それを半夏生の小麦餅（地域によって団子ともいう）といった。この時、小麦餅と一緒にタコの刺身や酢の物を必ず食べる。稲の苗がタコのように吸いついて豊作になるようにと祝われた。

③夏の風物詩・しがらき餅

　暑くなると少し昔の大阪の街には、「しがらき～わらび～もち」と独特の節をつけて売り歩く人たちがいて、夏の風物詩であった。しがらきは「しがらき餅」ともいって、筒状の白い布袋に道明寺糒を詰めて茹でたもの。冷やし固めた後袋から出し、棒状のものを木綿糸で括って輪切りにし、砂糖を混ぜた黄な粉、黒胡麻、青のりなどを付けて食べる。餅の切り口が信楽焼のようにザラザラしていることが由来とされる。上方落語の「鬼あざみ」に登場する。

④秋祭りの「くるみ餅」

　南河内、泉州、泉南地域の秋祭りのご馳走。この地方では畦豆といって田の畦に必ず大豆を蒔いた。秋になって実のふくらんだ、青い莢つきのままを塩茹でし、実だけを取り出し摺り鉢で摺り潰して緑色の餡を作り、搗いた餅を包むところから「くるみ餅」という（胡桃入りの餅ではない）。東北地方では「ずんだ餅」とよんでいる。

⑤河内・恩智神社の秋祭りの「唐菓子」作り

　八尾市の恩智神社の祭神は、食物を司る神様で、穀神ある。秋祭りは「卯辰祭」といわれ11月下旬の卯と辰の日に行われ、祭りに先立って「御供所神事」がある。神饌菓子の"御供"を作る神事で、この御供作りには、「御供所の家」と称される家が氏子の中に十数軒あり、その家々によって伝えられてきた。

　まず神社の御供田で収穫された米を使い、奈良時代に遣唐使によってもたらされた「唐菓子」のブト、マガリ、バイシといった奇妙な形のものが作られ、菜種油で狐色に揚げる。こ御供は組み合わせると「人形」になり

Ⅱ　食の文化編　　113

神前に供える。「人形」は人の身代わりに罪やケガレを祓うとされ、また各家々にも配られ、家では焼いたり汁に入れたりして豊作を祝った。

⑥晴の日の紅白「はすね餅」

　門真市はかつて「門真レンコン」の産地であった。このレンコンを使った餅で、洗ったもち米を一晩水に浸し、水を切り半分を食紅で赤く着色し、紅白のもち米を蓮根の穴にしっかり詰めて約1時間蒸す。蒸し上がったら取り出して輪切りにすると、紅白の「はすね餅」が出来る。餡を和えたり、ポン酢でも美味しい祝いの逸品である。

知っておきたい郷土のお菓子

- **高岡の酒まんじゅう**（大阪市）　大阪市内で最も古い菓子店・「高岡福信」は1624（寛永元）年創業。先祖は豊臣家の点心の御用を勤めた経験を生かし、酒まんじゅうを代々作り伝えてきた。饅頭はもち米と糀で作った甘酒を、皮に練り込み自家製漉し餡を包み蒸し上げる。甘酸っぱい糀の香り、饅頭皮の弾むようなもちもち感は、浪花っ子に古くから親しまれてきた。南蛮菓子の鶏卵素麺なども作る。

- **いただき・鶏卵素麺**（大阪市）　鶴屋八幡の大阪銘菓。いただきは、玉子をふんだんに使った焼き皮に、小豆の粒餡を挟み込んだしっとりとした食感の菓子。鶏卵素麺は、南蛮菓子でポルトガルの「フィオス・デ・オヴォシュ（卵の糸）」という菓子が起源。室町末期に長崎に伝来し、長崎街道・シュガーロードを経て大阪に伝わった。鶴屋八幡は、1702（元禄12）年創業の虎屋伊織が前身で、約300年の伝統がある。

- **粟おこし・岩おこし**（大阪市）　大阪の名物菓子。1752（宝暦2）年創業の「二ッ井戸津の清」などが作る。おこしの古形はつくね状や竹筒に入れた形だったが、それを板状にした。粟おこしと名は粟だが、千石船の集積地大阪らしく、粟粒状にした米を蒸して乾燥させ、黒砂糖を加えて板状に固める。より細かな米粒を生姜風味の黒糖でからめた堅いのが「岩おこし」。「身をおこし、家をおこし、国をおこす」と、有名な縁起菓子。

- **十三焼**（大阪市）　大阪の今里屋久兵衛の名物焼き餅。こし餡を米粉生地で平たく包み両面を焼く。白と蓬がある。創業は1727（享保12）年に十三の渡し場の茶店で売ったのが最初。参勤交代の諸大名も立ち寄っ

114

た。

- **釣鐘饅頭**（大阪市）　四天王寺参拝の浪花土産。総本家釣鐘屋などが作る。1900（明治33）年に地元有志が四天王寺に奉納した大釣鐘を記念し、これをかたどった餡入りカステラ饅頭。大釣鐘は、第二次世界大戦の際供出してしまったが、饅頭はその大釣鐘の存在を今に伝えている。

- **けし餅**（堺市）　南蛮貿易で栄えた堺の銘菓。延宝年間（1673〜81）創業の老舗小島屋が作る。室町時代、インドよりもたらされたケシの実を、漉し餡を包んだ餅皮に、びっしりとまぶしてある。噛むとケシの実がぷちぷちと弾ける食感が楽しい。堺ではケシの実の栽培も盛んだった。

- **肉桂餅**（にっきもち）（堺市）　南蛮貿易で栄えた堺で香料・香木を商う八百屋宗源が元禄年間（1688〜1704）に菓子商に転じ、後に創製した。高貴な香料とされた肉桂を求肥に練り混ぜ、漉し餡を包んだ堺の銘菓。肉桂は血の巡りをよくするとして当時は薬菓子として扱われていたという。

- **大寺餅**（おおでらもち）（堺市）　堺名物で、1696（慶長元）年創業の大寺餅河合堂が作る。「大寺さん」とよばれる開口神社（あぐち）の境内で売られたあんころ餅や黄な粉餅が始まり。堺の老舗和菓子屋「駿河屋」に生まれた与謝野晶子も子供の頃に食べたこの餅の味を懐かしんでいる。

- **久留美餅**（くるみもち）（堺市）　創業1329（元徳元）年のかん袋が作る。青えんどう餡の秘伝のタレで餅を、「くるむ」ように作るのでその名がある。「くるみ餅」は、大阪や奈良県内でも青大豆を使って作られる。店号は、大阪城築城の際、初代・和泉屋徳兵衛が出仕し、次々と屋根瓦を放り上げる見事な腕前に秀吉が、まるで「紙袋」（かん）が散るようだと言ったことによる。

- **五智果**（八尾市）　桃林堂が1926（昭和元）年創製した風土菓子。野菜や果物の素材をそこなわいように糖液で煮詰め、砂糖に漬けて仕上げる名菓。菓名は、真言密教の五つの知恵の象徴、五智如来に因んでいる。

- **時雨餅**（岸和田市）　地元の「だんじり祭り」の名物菓子。竹利（たけり）商店が作る。小豆餡、もち粉、砂糖を合わせ、目の粗い篩を通し蒸し上げたやわらかな棹もの。菓名は、岸和田城主が手に取った際、菓子が「はらはら」と零（こぼ）れ落ちたところから「秋の時雨のようだ」として命名された。

乾物／干物

はったい粉

地域特性

　大阪府の府庁所在地は大阪市である。西日本、近畿地方の中心で、経済、文化、工業、商業をはじめ交通の中心でもあり、JR、私鉄、関西空港をはじめ陸・海・空、すべてが集中している。人口も東京都、神奈川県に次ぐ第3位であり、京都府、奈良県、和歌山県、兵庫県に接している。33市9町1村の43の自治体で、複数の政令指定都市を有する府となっている。

　瀬戸内海式気候のため、年間を通して温暖で、昼と夜の気温差も少なく、冬はほとんど雪の降らない土地柄である。大阪湾、紀伊水道、淡路島、太平洋を流れる黒潮は栄養豊富である。瀬戸内海があるが、大阪湾は工業地帯として、生活排水に加えて船舶の往来があり水産物は少ない。中央に大阪平野を抱え、三方を山に囲まれている。農産物の生産は少なく、消費地である。

　大阪は「粉もん文化」といわれ、お好み焼きに始まり、タコ焼き、ラーメン、浪速うどんなどが庶民文化として定着している。

知っておきたい乾物／干物とその加工品

はったい粉　　イネ科の越年草であるオオムギを煎ってから粉にした製品。関西以西では裸麦を使う。トウモロコシやキビなどを使うところもあるが、いずれも煎って粉にしたものである。

　関西方面でははったい粉というが、地域によって呼び名が違い、関東では「むぎこがし」、日本海側では「こうせん」などと呼んでいる。砂糖を加えてそのまま食べるか、水または湯で練って食べる。

昆布の文化　　大阪は昆布、昆布加工品両方の需要が大変多く、江戸時代には北海道からの北前船が大阪に昆布を運んだという流れがある。昆布の利用から生まれた佃煮、ばってら寿司、身欠きにしん、昆布巻きなどの多くの食材が消費されている。

道明寺粉　　大阪府藤井寺市の道明寺市という寺で保存食として作った糒（ほしいい）を貧民に施したことから名が付けられた。餅米を蒸して乾燥し、粉砕してふるい、粒の大きさをそろえた製品。

大阪お好み焼き　　大阪はまさしく粉文化。乾物加工品の宝庫である。中でもお好み焼きは庶民文化と共に、大阪の人にとっては特別扱いの食材である。水に溶いた小麦粉を野菜、肉、魚介類等の具材と共に鉄板の上で焼き上げて、粉末の海苔やかつお節をソースと一緒に絡めた「関西風お好み焼き」は、いろいろな趣向で庶民に定着している。お好み焼きの歴史は、安土桃山時代の千利休が作らせた「麩焼」に始まるといわれている。その後、江戸時代から明治時代にかけて、「助惣焼」から「もんじゃ焼き」が生まれてきたようである。大正時代から昭和時代にかけて、ソースが作られその後醤油やマヨネーズなども用いられ多様化し、変化してきたようである。

　関西ではお好み焼きは麩焼→助惣焼→もんじゃ焼→どんどん焼き→お好み焼きと変化してきたようだ。大阪を中心とする関西地方は、小麦粉に刻んだキャベツや魚介類等の具材や山芋などを加えて食感を出し、季節感を求めたようだが、いつのころから始まったのかはわからない。昭和30年代は、関西下町では町内に1軒、戦後は町内には4～5軒もあるというほど増え、乱立し、家庭でも多く好まれ、作るようになった。

　現在はだし汁に小麦粉、鶏卵、山芋などを混ぜて、刻みキャベツと肉を混ぜる「混ぜ焼き」が一般的である。

岸和田かしみん焼き　　関西風お好み焼きが原点であるが、この地域ではキャベツのほか、具材は似ているが鶏肉を使い、パサつきを抑えるために牛脂を乗せて焼くことから、「かしみん焼き」の名が広まっている。

　このほか、神戸市長田区の「すじこん」と呼ばれる牛すじの煮込み入りや、大阪富田林市の豚肉の鉄板焼きを用いた「ブー太郎焼き」、神戸市では「大貝」（おおがい）と呼ばれる本荘貝を用いたものなどがある。

新挽き　　大阪府藤井寺市の道明寺で最初に作られた保存食が起源とされる。餅米を蒸して乾燥した道明寺粉をさらにこまかく粉砕し、色が付かないように砂煎りしたものが「新引」「真引」である。砂煎りするのは、砂を加えると熱が平均的に加わるためである。煎り上げてから砂

Ⅱ　食の文化編　　117

をふるいに分ける。少々焦がしたり、大小の粒で、「おこし種」「丸種」「上南粉」などの菓子原料に使う。

和菓子の落雁などの原料として用いられる副材料でもあり、揚げ物の料理では鳥のささみに塩こしょうと一緒に衣揚げするカラ揚げにも用いられる。関西では「みじん粉」ということもある。ピンク、黄色、グリーンに着色したものもある。

みじん粉
餅米を蒸したり煎ったりしてアルファ化して粉にする。同類のものに「寒梅粉」「焼みじん粉」「煎りみじん粉」「早みじん粉」「落雁粉」などがあるが、同一品で地方によって呼び方が変わるところがある。

みじん粉を利用した和菓子では「塩釜」がある。砂糖に水を少し湿らし、そこにみじんこ粉を同量加え、両掌でもんで、全体を混合し、湿り気も平均化させる。木形や陶器の器に押し込んで型抜きし、弱火で軽く乾燥させてから食べる。

また、みじん粉を板の上に置き、水を少しずつ加えながら竹へらでこね、適当な粘りを出したものは、高級家具などの木工品用の糊として昔から使われている。

大阪粉物
粉もの文化が大阪の人々の間に登場したのは、第二次世界大戦後の国内に米が足りなくなり、全国的に粉を使う二次加工品が主流になる時代があったためであろう。でんぷん加工のさつま芋、粟餅、小麦粉から作るすいとん、ひも川などで飢えをしのいだ。いわゆる代用品であり、食糧難が続く中で、米国から大量の小麦粉、メリケン粉が日本に入り込み、学校給食にパンが登場し、脱脂粉乳が登場したのもこの時期である。大阪の人は戦前から小麦料理に親しんでいたことから、新しくアレンジを加えた。安く食べられる洋食の意味として小麦粉やネギ、キャベツ、ソースを加えて「拾円焼き」「キャベツ焼き」など名前を変えて庶民の感覚に合う簡単に作れる粉もの文化が急速に発展したのであった。戦後は肉が貴重品だったので、キャベツ、野菜に、イカやタコなどの海産物も混ぜて焼くことで今日に至っている。食糧難の時代が終わり、飽食の時代になって現在に至っても、お好み焼きは大阪を代表する味として根づいている。お好み焼きも広島焼きも、もんじゃ焼きも、最初は子供の食べ物であったことと、小麦粉がベースになっていることから、ルーツは同じ

といえる。

ちょぼ焼き　現在におけるもんじゃ焼き、タコ焼きに類似する。水に溶いた小麦粉（うどん粉）を半月に窪んだものが並んだ銅板に流し込む。こんにゃく、紅しょうが、えんどう豆に醤油を入れたり、ネギ、かつお節の粉などをまぶし、七輪で焼いた。「ちょぼ」とはサイコロの目に似ているなどの印や点などの丸いものからチョボ、ボチという言葉から名が付いたといわれる。

ラジオ焼き　タコ焼きの元祖である。牛スジ肉を具材として、丸く焼いた粉料理で、球状にくぼんだ鉄板を使用して、小麦粉と具材の生地を入れて丸く焼き上げる。ちょぼ焼き板を使用している。

昭和初期には、牛スジ肉を入れた醤油味で、当時としては高価なものだった。ハイカラの象徴として高価だったラジオにあやかってラジオ焼きと呼ぶようになり、後に明石焼きの具をまねてタコを入れたものがタコ焼きとなり、これが大阪で人気となったため、現在においてはタコ焼きの方がポピュラーになっている。

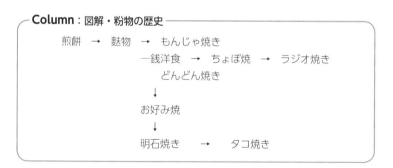

Column：図解・粉物の歴史

煎餅　→　麩物　→　もんじゃ焼き
　　　　　　　一銭洋食　→　ちょぼ焼　→　ラジオ焼き
　　　　　　　どんどん焼き
　　　　　　　↓
　　　　　　　お好み焼
　　　　　　　↓
　　　　　　　明石焼き　→　タコ焼き

Ⅲ

営みの文化編

伝統行事

天満天神祭

地方の特性

　大阪府は、近畿地方のほぼ中央に位置し、面積は全国で2番目に狭い。北部に剣尾山など、東部は生駒山地・金剛山地、南部は和泉山脈と、三方を山に囲まれている。中央部の大阪平野を淀川・大和川などが西に流れ、大阪湾に注ぐ。気候は温暖な瀬戸内式で、降水量も比較的少ない。北部の能勢盆地などでは、冬の寒さが厳しく、山地と平野部との気温差が大きい。

　大阪は、豊臣秀吉の大阪城築城以来、政治・経済の中心として栄え、江戸に政治の中枢が移ってからも「天下の台所」と呼ばれ、経済や物流の一大拠点であった。

　鉄鋼や紡績などの臨海工業地帯が発達。東京に次ぐ総合産業都市である。

行事・祭礼と芸能の特色

　国の重要無形民俗文化財として指定を受けているのは、天王寺の「聖霊会の舞楽」と「住吉の御田植」。もちろん、府下の各地に行事・祭礼は多い。そして、伝統芸能としてもっとも注目すべきは、「人形浄瑠璃文楽」である。一般には、人形浄瑠璃とか文楽とか呼ばれる。18世紀末に淡路出身の浄瑠璃語り植村文楽軒が、道頓堀に文楽座を創設したのがはじまり、とされる。明治以降、その常設小屋が所々転々としたが、現在は国立文楽劇場がその伝統をつないでいる。そして、重要無形文化財保持者を、太夫（語り）・三味線・人形（人形遣い）のそれぞれの分野で輩出している。今節は、時代風な語りがやや難解として敬遠されるむきもあるが、歌舞伎が東京中心に偏じた現在、大阪ならではの玄人による伝統芸能として、ぜひとも保存・伝承を進めてもらいたいものである。

主な行事・祭礼・芸能

住吉大社の祭礼

住吉大社（大阪市）は、「お祓いの神さま」と呼ばれ、古くから大阪の人びとの信仰を集めてきた。そこには数々の行事・祭礼がみられる。

踏歌神事　正月4日に行なわれる。もとは夜に行なわれていた。

第一本宮に神官と所役（ウメの小枝を持つもの1名、小餅を入れた袋を持つもの1名、いずれも烏帽子・直垂姿）、神楽女・楽人の順に進み、祭典を行う。その後、小枝と袋持ちの所役が神前の庭で相対し、小枝役が「ふくろもち！」と呼びかけ、袋持ち役が「おーともよー」と答えて、ともに3歩ずつ前進する。これを3回繰り返して行き違いになり、袋持ち役は神前に座して袋の中の餅を出し、「一、二、三、四、五、十」と数えて、「万歳楽」と3回唱えて退く。このあと、神楽女が白拍子舞（一人舞）・熊野舞（八人舞）を舞い、終わって拝殿から餅撒きの行事を行なう。これは、福が授かる福餅とされている。

御田植神事　6月14日、境内の南の御田で行なわれる。俗に「オンダ」と呼ばれる。伝えによると、神功皇后が、長門の国から植女を召して御供田を植えさせたのが行事のはじまり、という。由来が稀な御田植祭である。

当日、植女（早乙女）に扮するのはミナミ（南地）の芸妓衆。他に、稚児もくりだす。

植女が田植歌を歌いながら早苗を植えつけ、そのあと御田代舞や武者姿の風流舞、住吉踊などが奉納される。

神輿洗神事　住吉南祭で堺へ渡御する神輿を海水で洗い清める式。現在は、7月海の記念日に行なわれる。大阪の人びとは親しみをこめて「住吉のお潮」と呼び、この日の海水を浴びると病が治ると伝えられている。

当日は、南港の沖で汲んできた海水で禊と神輿洗いを行ない、住吉公園の御旅所で駐輿祭を行なった後、住吉公園中央の汐掛道を通って住吉大社に戻る。南祭の前段神事である。

住吉南祭　夏まつりで、7月31日・8月1日に行なわれる。俗に「お祓い」と呼ばれている。

31日（もとは6月晦日）、社前で夏越の祓いの祭典が行なわれる。はじめに華麗に着飾った夏越女と稚児が茅の輪をくぐる儀式があり、五月殿で

Ⅲ　営みの文化編　　**123**

大祓式が行なわれる。そののち、一般市民も参加して本宮に参進しながら茅の輪をくぐること3回。そのとき、「水無月の夏越の祓いする人は、千年の命延といふなり」と唱える。

翌8月1日は、500貫余りの神輿が紀州海道を通り、堺市宿院の頓宮に渡御する。近郷の船頭や漁民らがそれに群がり、担ぎあげて社頭の反橋を渡るようすは、勇壮をきわめる。その後、牛車や騎馬で神宝を棒持する者などによる行列が延々と続く。先頭が大和川に達するころ、堺近辺の船主や網元たちが迎え堤灯をかかげて渡御のお迎えをする。宿院で祭典を行ない、飯匙掘で大祓式があり、2日早朝に本社に還御する。夜を徹してのまつりである。

このまつりは、堺の人びとが、むかし松明を灯して神輿を迎え入れたことから、別名「火替神事」ともいわれる。

今宮十日戎

大阪の商売の神として崇められている今宮戎神社で、1月9日～12日までの3日間行なわれる。古くからにぎわいをみせ、現存する最古の大坂案内図（延宝3＝1675年）に、すでにそのようすが描かれている。

9日が宵戎、10日が本戎、11日が残り戎である。境内では、「商売繁盛、笹もってこい」の呼び声で吉兆の宝笹が売られる。3日間で100万人を超える参拝客でにぎわっている。

天満天神祭

7月24日・25日（もとは旧暦6月）、天満宮（大阪市）の夏まつり。「天満の禊」ともいう。大阪最大の夏まつりとして古くから大阪の人びとに親しまれてきた。

行事の中心は、25日に行なわれる堂島川での神輿の川渡御である。これに先立って、24日の宵宮祭で、鉾流し神事が行なわれる。これは、神鉾を川に流して、それが漂着したところをもって神幸の御旅所としたという故事の名残で、いまは御旅所が松島に固定されたので、その形式だけを行なう。鉾流橋と呼ぶ上流に斎船を出し、奏楽のうちに神鉾を川下に流すのである。

25日は、御乗船場の鉾流橋の下に、お迎え人形船（神輿迎えの船）やドンドコ船（若者の漕ぐ競漕船。鉦や太鼓の囃子で船を漕ぐのでこの名がある）、篝船（もとは船中で火を焚いたのでこの名がある。その火は、本社の斎火を移す）、囃子船などが並び、本社からの神輿・鳳輦の行列を迎

124

える。

　午後、神輿・鳳輦は、猿田彦や獅子、武者行列などに守られて鉾流橋に
渡御。ここから神輿が御座船に移されて、船団に守られながら祭囃子もに
ぎやかに堂島川を下る。見物船までを含めると、100隻以上の船が出る。

　やがて、下流の江の子島に着御すると、ここからは再び行列をつくって
陸路を練り、夜半に松島の御旅所に到着する。その後、行宮（御旅所）祭
を営み、翌朝暁に本社に還御するのである。

生玉（生国魂）夏祭

　7月9日に行なわれる生国魂神社の夏まつり。
大阪の代表的な夏まつりのひとつで、大阪の
夏は生玉にはじまり住吉（住吉南祭）に終わる、といわれている。

　当日は、盛大な神幸式が行なわれるが、これは、明治8（1875）年には
じめられたものである。大太鼓・獅子・猿田彦・大榊・白和幣・黒和幣・
御弓・太刀・錦旗・武者・巫女などの大勢の行列に供奉された神輿・鳳輦
が、神社東方の大阪城大手前公園の御旅所に渡御し、次いで内本町橋詰の
行宮にまわって、夜、本社に還御する。

岸和田だんじり祭

　毎年9月3連休手前の土日に行われる岸城神社
（岸和田市）のまつり。だんじり（地車）と呼ぶ
大きな山車が出ることからこの名がある。

　開始前日は氏子の各町内からだんじりが曳き出されて1カ所に集まり、
太鼓を打ち鳴らす。土曜日は早朝から、半纏に鉢巻き姿の若者たちが威勢
よくだんじりを曳き回す。若者たちは、血気にまかせて出合いがしらに他
のだんじりともみ合ったりすることが多いので、「岸和田のけんかまつり」
とも呼ばれる。

　だんじりは、白木づくりで、それに忠臣蔵などの画を彫刻してあり、勇
壮美を感じさせる。

神農祭

　11月22日・23日に行なわれる少彦名神社（大阪市）のまつ
り。少彦名神は、日本では薬学の祖とされ、安永9（1780）年
に薬種商たちが、京都の五条天神から勧請して薬祖神として祀ったのが少
彦名神社である。少彦名神社は、薬種問屋が軒を並べる道修町にあり、俗
に「神農さん」と呼ばれ親しまれている。

　神農祭は、文政5（1822）年、コレラが流行したときから盛大に行なわ
れるようになった、という。古くは、虎頭殺鬼雄黄円という丸薬と5枚笹

Ⅲ　営みの文化編　　125

につけた張子の虎を授与したが、いまは張子の虎だけになった。これは、盗賊除け、腰痛のお守りにもなるといわれる。

ハレの日の食事

　生国魂神社や住吉神社の夏まつりには、旬の魚を用意する。とくに、骨切りしたハモを3センチぐらいの長さに切り、熱湯をくぐらせ氷水で冷やしてから醤油・梅酢などで食べる「洗い」が一般的である。アジの塩焼きを供するところもある。三輪素麺・播州素麺・河内素麺も用意される。かつては、うどんはケ（日常）、麦麺はハレ（祝祭日）の食べ物とされていたのである。

　岸和田だんじり祭には、カニ料理が欠かせないことから「カニまつり」ともいわれる。

　商家の正月料理は、三段重。一の重は、数の子・田づくりなど。二の重は、金・銀・倍々・益々・富貴・繁盛、という語呂合わせの料理。金はキンコ（干しナマコ）、銀はギンナン、倍々はバイ貝、益々はマスの酢漬け、富貴はフキ、繁盛は白身魚のしんじょうである。三の重は、余のもの（黒豆・結び昆布・棒ダラ・芋きんとん・サワラの味噌漬けなど）がつめられる。

　大阪は、「食いだおれ」といわれる町。庶民的な味が多くある。まつりや縁日の屋台でも、とくに焼きうどん・たこ焼き・お好みやきなどの「粉もん」の発達をみた。

寺社信仰

今宮戎神社

寺社信仰の特色

大阪府には摂津・河内・和泉の3か国（五畿七道の3畿）の一宮が鎮座している。最も古い開創は東大阪市にある河内一宮の枚岡神社と伝え、神武天皇の侍臣が創祀したという。その神は河内二宮とされる八尾市の恩智神社から遷されたとの伝承もある。両社はともに名神大社である。

堺市にある和泉一宮の大鳥神社は白鳥と化して伊勢国を飛び去った日本武尊を祀ったと伝え、全国のオオトリ（大鳥／鷲）信仰の総本社とされる。名神大社で、和泉五社の筆頭である。二宮は泉大津市の泉穴師神社、三宮は和泉市の聖神社、四宮は岸和田市の積川神社、五宮は泉佐野市の日根神社とされる。

日本武尊の第2子は仲哀天皇で、その后は神功皇后とされる。皇后は住吉大神の神託で応神天皇（八幡大神）を身籠ったまま三韓征伐を成し遂げ、津国（摂津国）の大津に住吉大神を祀ったという。これが大阪市にある摂津一宮の住吉大社とされる。全国に2,000余社ある住吉神社の総本社で、大阪府で最も多くの初詣客を集める。神社建築史上最古の様式の一つ、住吉造で建てられた本殿4棟は国宝。6月14日の〈住吉の御田植〉†は日本最大規模の御田植祭である。摂津一宮は神功皇后が淀川河口に創祀した大阪市の坐摩神社ともされ、ともに名神大社となっている。

大阪は昔から日本一の商都と称され、今も商業が盛んであり、商売繁盛の神様と崇められる大阪市の今宮戎神社（えべっさん）が1月9〜11日に開催する十日戎には、例年100万人もの参拝者がある。

大阪は創意工夫の都でもあり、インスタントラーメンや回転寿司など、数多くの物事の発祥地となっている。寺社信仰でも交通安全祈禱の発祥は大阪で、1954年に寝屋川市の成田山大阪別院明王院が自動車法楽所を開設したことに始まる。寺は1934年に関西唯一の成田山別院として創建され、1979年には近畿36不動28となっている。

凡例　†：国指定の重要無形／有形民俗文化財、‡：登録有形民俗文化財と記録作成等の措置を講ずべき無形の民俗文化財。また巡礼の霊場(札所)となっている場合は算用数字を用いて略記した

主な寺社信仰

能勢妙見（のせみょうけん）

能勢町野間中（ちょうのまなか）。妙見山（為楽山（いらくさん））の山頂に建つ、同町地（じ）黄（おう）にある日蓮宗無漏山真如寺（むろざんしんにょじ）の境外仏堂。北極星信仰の聖地。1608年、能勢頼次（のせよりつぐ）と日乾（にっけん）（身延山久遠寺（ぎょうき）21世）が行基開基の大空寺（だいくうじ）址に妙見大菩薩（鎮宅霊符神（ちんたくれいふじん））を祀ったのが始まりと伝える。大祭は5月15日。9月に行われる八朔祭（はっさくさい）では、家運隆昌や事業繁栄の祈禱、八朔田之実御守（み）（なんきんたまだれ）の授与、和太鼓や南京玉簾の奉納がある。最大の山場は浄瑠璃人形が参詣者に餅（もち）を撒く開運餅撒きで、本殿（開運殿）前を埋め尽くす人々が投じられた餅を得ようと一斉に手を伸ばす。能勢町は語りと三味線の素浄瑠璃である〈能勢の浄瑠璃〉‡で知られ、オヤジ制度とよばれる独特の家元制（いえもとせい）を200年間も継承してきたことから、町民のほぼ全員の身内や知り合いが浄瑠璃に関わっているという全国でもきわめて珍しい特色をもつ町である。

観音寺（かんのんじ）

豊中市寺内。岸龍山（とよなか）（てらうち）と号する。行基が観音像を刻んで開基し、多田満仲（ただのまんぢゅう）が守本尊として崇拝したと伝える。大字石蓮寺（せきれんじ）にあった千軒寺（せんけんじ）（金寺）の坊舎であったともいわれる。伝来の鉄製灯籠は徳川家康が大坂夏の陣中で具足からつくり、戦勝祈願に奉納した草摺（くさずり）の灯籠であるという。僧一山が再興して臨済宗妙心寺末となるも1792年の一山没後は法灯が絶え、1873年に廃寺となったが、地元自治会や墓地委員会が今も保護管理を続けている。寺の北西部には服部緑地（はっとりりょくち）が開発され、1956年には日本初の野外博物館として日本民家集落博物館が開館、岐阜県白川（しらかわ）村（むら）の〈民家（白川の合掌造（がっしょうづくり））〉†や宮崎県椎葉村（しいばそん）の国重文・旧椎葉家住宅、大阪府能勢町の同・旧泉家住宅など民家11棟を移設している。

佐井寺（さいでら）

吹田市佐井寺。高野山真言宗。碯井山（がらん）と号する。摂津33-29、摂津88-44。道昭の草創で、行基が栴檀香木（せんだんこうぼく）の十一面観音を掘り出し、伽藍を築いて本尊としたという。山田寺（さんでんじ）と称し、後に兵火で焼失したが、1647年に楽順が再興した。境内には佐井の清水が引かれており、眼病の霊験で知られた。境内の薬師堂は、元は裏の伊射奈岐神社（いざなぎ）にあったと伝え、土用丑日（どよううしのひ）には疫神や邪霊を胡瓜（きゅうり）に封じ込めて病気平癒を願う胡瓜加持（かじ）が行われている。寺の北側には千里山（ちさとやま）とよばれた小丘があり、その奥には千里丘陵（せんり）が広がっている。千里丘陵では1970年に日本万国博覧会が

開かれ、その跡地には1977年に国立民族学博物館が開館、世界の諸民族から蒐集した資料の他、〈おしらさまコレクション〉†や〈背負運搬具コレクション〉†など国内の民俗資料も豊富に収蔵展示している。

大阪天満宮

大阪市北区天神橋。摂津国中島に菅原道真公を祀る。公は大宰府へ向かう際、当地の大将軍社に参ったが、公の没後、社前に突然7本の松が生え、梢が夜ごと霊光を放った。村上天皇は公の奇瑞として公の神霊を祀ったのが当宮の始まりと伝える。例祭は7月25日で、大坂の天神祭と親しまれ、京都の祇園祭、江戸の神田祭とともに日本三大祭と称された。祭の中心は船渡御で、御迎船・どんどこ船・奉拝船などが神霊をのせた御鳳輦奉安船に供奉し、水の都大阪を代表する都市祭礼となっている。船渡御に先立つ陸渡御では3,000人が行列する。祭の期間、境内には〈天神祭御迎船人形〉が飾られる。天神祭では昔、御旅所周辺の各町が船に等身大の風流人形を乗せて大川を上り、船渡御を迎えて御旅所まで先導していた。人形が必ず赤を纏うのは疱瘡を祓うためという。

生根神社

大阪市西成区玉出西。少彦名命・蛭児命・菅原道真公を祀る。勝間村の産土神として、住吉区の住吉大社の摂社であった生根神社（奥の天神）から、少彦名命の分霊を勧請して字玉出に祀ったのが始まりと伝える。当地では創祀以前に、大津波で勝間浦に流れ着いた西宮の恵美寿神社の神体を祀っていたが、後に返還して蛭児命（有喜恵美寿）の分霊を勧請した。1868年には黒田筑前守の大坂屋敷に祀られていた筑紫天満宮（上の天神）を合祀している。大祭は7月25日で、宵宮には枕太鼓や魔除獅子とともに〈玉出のだいがく〉が巡行する。ダイガク（台額／台昇／台楽）とは、台の上に17mの心棒を立て、唐傘状の髭籠や、日本全国六十六州を表す66個の鈴、78張の提灯を飾り付けた巨大な櫓である。

四天王寺

大阪市天王寺区四天王寺。593年に難波の荒陵につくられた日本仏法の最初の官寺。敬田・悲田・施薬・療病の四箇院の制を構えたという。587年の物部守屋との戦いでみずから四天王像を刻み祈って勝利した聖徳太子の誓願で創建。難波は大陸文化の窓口であり、物部尾輿と中臣鎌子が日本に初めて公伝した仏像を捨てた場所であり、国生み神話の背景（八十島祭の場）であった。寺の建つ上町台の南端は

Ⅲ　営みの文化編　　**129**

当時は岬であり、外国使節船が入港して最初に見る場所であった。1946年、天台宗から独立して和宗を創立、総本山となった。当寺は春日大社・宮内庁式部職楽部とともに王朝時代の雅楽を伝承し、三方楽所と総称されている。4月22日の太子会には、六時堂の前の石舞台の上で〈聖霊会の舞楽〉†が舞われ、絢爛豪華な絵巻を彷彿とさせる古式豊かな法会が太子の霊を慰める。

杭全神社（くまた）

大阪市平野区平野宮町。杭全荘を領した坂上当道（征夷大将軍坂上田村麿の孫）が平野郷の地主神、祇園牛頭天王（素盞嗚尊）を第1本殿に祀ったのが始まりで、後に第3本殿の熊野證誠大権現（伊弉諾尊）を祀り、1321年に第2本殿の熊野三所権現（伊弉册尊・速玉男尊・事解男尊）を祀って平野郷の惣社にしたという。證誠権現の像は役小角の作と伝える。連歌所を日本で唯一残しており、今も平野法楽連歌会を毎月催している。例祭は10月17日。4月13日には〈杭全神社の御田植〉‡があり、拝殿の床を稲田に見立て、田起こしから田植えまでを演じて、豊作を予祝する。稲の神とされる人形が登場し、仮面を着けたシテが進行の中心となるのが珍しい。7月11〜14日には大阪市内最大規模の地車祭、平野地車祭（平野郷夏祭）を催し、旧平野郷の9町内を地車が勇壮に曳行される。

御殿山神社（ごてんやま）

枚方市渚本町。西に淀川を見下ろす御殿山に鎮座。19世紀前半、渚元町の真言宗観音寺境内にあった粟倉神社の御旅所に八幡大神を勧請し、西粟倉神社と称したのが始まりという。粟倉神社は1616年に創建された八幡宮で、小倉村と渚村の産土神であったが、以後は西粟倉神社が渚村の産土神となった。観音寺は惟喬親王が別荘にした渚院の跡に建てられた寺であったが、明治維新で廃され、西粟倉神社は1870年に当地へ遷座された。遷座式は長い行列を組んだ盛大なもので、きわめて賑々しく行われた。当時を様子を描いた縦76×横176.5cmもの大型奉納額〈御殿山神社遷宮絵馬〉が今も残されている。現在は本社に品陀和気命（応神天皇）を祀り、境内に末社の稲荷神社と貴船神社がある。例祭は10月19日で、4月15日に春祭（桜祭）、6月と12月の末日に大祓式を営む。

恩智神社（おんち）

八尾市恩智中町。河内国総鎮守として手力雄神を祀ったのが始まりで、後に藤原氏が常陸国香取神宮より祖神の天

児屋根命の分霊を勧請して再建したという。奈良の春日大社の祭神は当社から東大阪市の河内一宮枚岡神社を経て祀られたと伝え、元春日と称する。後に大御食津彦命・大御食津姫命を第一殿、春日辺大明神（天川神社）を第二殿、春日大明神（天児屋根命）を第三殿に祀る。名神大社。河内二宮。14世紀に恩智左近満一が城を築く際、天王森（現頓宮）から当地へ遷座したという。兎と竜を神使とする。例祭は11月26日（昔は霜月卯辰日）で、25日に宵宮、24日に〈恩智神社卯辰祭供饌行事〉が行われる。供饌行事は御供所神事ともよばれ、代々世襲の御供所の社家13家（御供所講）が、神に供える餅2種類と団子3種類を新穀でつくり、人形供饌を調整する。

浄谷寺　富田林市富田林町。寺内町の西端に建つ。融通念仏宗。半偈山三仏院と号す。河内33-19。1286年、隣の毛人谷村に済戒真證が開き、1574年に当地へ移転したと伝える。二尊堂には1311年の石造地蔵菩薩立像が安置されている。薬師堂に安置されている薬師如来乾漆座像は、若い男女の恋文を漆で貼り重ねてつくられたと伝え、恋文薬師と親しまれ、毎月6の日の縁日には夜店が並んで賑わう。昔は煙草屋薬師とも称された。本堂には、西国三十三観音霊場を33周巡礼した行者の集団、富田林組の御祓板5基が完全な形で残されている。同市の嬉組4基、太子町竹内街道資料館の葉室組4基、大阪市住吉区西之坊の住吉組4基（大阪歴史博物館寄託）とともに〈西国巡礼三十三度行者関係者資料〉と総称されている。境内には1738年に三十三度行者の満願を供養した宝篋印塔も建つ。

桜井神社　堺市南区片蔵。妙見川の南岸に鎮座。百済から当地へ移住した桜井朝臣の一族が祖先の武内宿禰命を祀ったのが始まりで、後に八幡宮を合祀したと伝える。桜井氏は須恵器の技術をもたらし、一帯は須恵器の一大生産地となった。上神郷総鎮守。式内社。13世紀頃、国宝の拝殿が建立された。神仏分離以前は上神谷八幡宮と親しまれ、亀遊山神宮寺が管理していた。1910年、鉢ヶ峯村の法道寺に隣接していた国神社（五所権現）を合祀して、12世紀の神像や1412年の石燈籠を移した。10月の例祭には〈上神谷のこおどり〉‡が奉納されるが、これも鉢ヶ峯寺の若衆が中世より国神社に奉納してきた神事舞踊である。鉢ヶ峯では旧暦8月27日の祭や秋祭に雨乞いや雨礼で演じたという。鬼神が背負

うヒメコとよぶ数十本の紙花を挿した竹籠や、踊り歌などに古風を伝えている。

円光寺 貝塚市東。浄土真宗本願寺派。宝林山と号す。16世紀に伊賀国の朝島三之丞が当地へ至り、禅宗に帰依して恵空と名乗って寺を開き、1717年に浄土真宗へ改めたと伝える。本尊の木造阿弥陀如来立像は、西本願寺御抱え仏師の渡辺康雲の作で、本願寺第14世寂如上人から下されたという。昔は京都の福泉寺の末寺であった。境内には貝塚でつくられた柏槇の品種、貝塚伊吹の巨木がある。8月14〜16日には境内で〈貝塚の東盆踊り〉が踊られる。この踊は18世紀に報恩講（浄土真宗の開祖親鸞の命日に行われる法要）で始められた念仏踊が起源とされる。伴奏には太鼓・鉦を用いず、三味線・尺八・横笛・胡弓・大正琴を用いる。ゆったりとした3拍子の音頭で、哀調を帯びた独特の節回しを取る。踊手は浴衣姿の他、いろいろな仮装をする。昔は最終日は夜通し踊り明かしたという。

伝統工芸

大阪浪華錫器

地域の特性

　大阪府は、北、東、南の三方を山地に囲まれ、西は瀬戸内海に面する盆地状の地形であり、北摂山系から淀川、南の和泉山地からは大和川が流れ出ている。大阪湾沿岸は、古くから埋め立てが進み、自然の海岸は全海岸線の1％程度であるという。

　1万年前の石器時代から人が住み、5世紀頃には朝鮮半島などとの交流があり、海外文化が伝わった。百舌鳥古墳群には巨大墳墓が残されている。7世紀には、日本初の中国式の都が難波（大阪市中央区）に築かれた。12世紀末以降、戦国時代に堺は、日明貿易の港として繁栄し、商人による自治都市として発展したが、16世紀末には、豊臣秀吉に屈した。17世紀には、江戸が政治の中心となったが、大坂は商都すなわち「天下の台所」として、適塾などの私塾も経営されるような、開放的で旺盛な起業精神を育てた。明治維新以後も、戦乱や経済的危機を乗り越え、世界の商都への飛躍へ向けて活動し続けている。

　産業面では、特別なものとして戦国期の鉄砲生産がある。同じ頃、文化面では、堺の町衆である武野紹鴎の弟子であった千利休が茶の湯を完成させた。茶道と伝統工芸とは一体となり総合的に高め合ってきた。経済に通じた商業都市であり、大消費地となったことから、伝統工芸にも創意工夫を凝らし、販路を開拓し、逞しく発達させてきた地域である。

伝統工芸の特徴とその由来

　戦国時代、大坂には鉄砲のほかに煙草が海外からもたらされた。山陰から鉄を得ることができ、鉄砲鍛冶が盛んであった堺では、煙草包丁を製造し、全国にその名を知られるようになる。12世紀に、茶とともに伝えられたとされる錫器は、江戸時代後期になり茶器や酒器などがつくられ工芸と

Ⅲ　営みの文化編　　133

して発展する。

　江戸時代に長崎を経て泉州に伝えられたガラス細工は、「蜻蛉玉」と呼ばれ、かんざしなどに人気があった。唐木指物も、海外の貴重な木材を加工する、大坂発祥の伝統工芸である。木材の取引きがあったことと、消費地でもあることから、欄間や箪笥などの調度品の製造も盛んになった。商いを通じて国内外の知識や文化に通じた人々は、豪商や大庄屋などを中心に文人趣味、茶の湯、煎茶、漢詩などによる交流を深め、家の建築から家具、什器、器にその文化を漂わせていたと思われる。「大阪欄間」や「大阪唐木指物」「大阪泉州桐箪笥」などに影響したと考えられる。

知っておきたい主な伝統工芸品

大阪欄間（大阪市）

　大阪欄間には、スギやヤクスギ、ジンダイスギなどの木目を活かした風景など絵画調の彫刻欄間、スギ、キリの木肌と模様を剝りぬいた透かし彫欄間、簡潔な幾何学模様を表した組子欄間、スギ、キリ、ヒノキの材を櫛の目のように縦に組み、玉縁にはめ込む筬欄間、タケの節の断面を活かした節抜欄間、キリ、スギなどに色調や質感の違う木材を象嵌する埋め込み欄間などがある。彫りは立体的で図柄は日本画にも通じ、上方独特の美的感覚を表している。

　欄間は日本の木造建築に欠かせない建具である。天井と鴨居の間に取り付けられ、採光や通風をよくする実用性と、部屋の品格を保つ室内装飾として機能している。古くは、桃山〜江戸時代初期の大書院建築や、二条城、西本願寺などにみられるが、当初は豪壮華麗な装飾の中に一種の権威を表すために用いられた。17世紀初期に建立した大阪府内の聖神社（和泉市）や四天王寺（大阪市）などに、伝統技法の発祥がみられる。

　京都の神社仏閣など用途が限られていて、宮大工の流れを汲んだ木彫師が携わっていたが、江戸時代中期には商家を中心とした一般住宅にも取り入れられるようになり大坂にも普及した。大坂が木材の集散地であったことと、堺を中心に豪商が多数存在し、大量消費地が控えていて立地にも恵まれたからで、欄間の一大生産地として全国に出荷するようになった。元禄年間に川崎屋寺治平が活躍し、その後、大坂に欄間の職人が多数輩出したといわれる。

　しかし1975（昭和50）年以降、建築工法も変わり、なにより日本家屋が

減少し、密閉性が高く床はフローリングなどの洋風住宅が増えてきてつくられなくなり、さらに今では欄間や鴨居そのものを知らない人も増えてきた。こうした時代の変化で、木工彫刻の技をもつ職人たちが少なくなり、後継者不足といわれているが、伝統の技を絶えさせないと、若手職人は現代の生活に使ってもらえるものをと、風炉先屏風やブローチ、帯留など新しい分野に挑戦している。

大阪唐木指物（大阪市ほか）

大阪唐木指物の黒檀の座卓を見ると、黒褐色の堅そうな天然木の表面は漆を刷り込まれてつやつやしているが、全体は落ち着いて静かな雰囲気に包まれている。天板と脚は、部材の組み手を差し込まれ一体となっている。しかも、角はなく、優美な曲線に触れることができる。茶道や書院の文化を漂わせる調度品である。大阪唐木指物は、座卓や飾り棚、花台などの和家具が主流であったが、最近では、薬入れや箸、靴ベラ立てなど和室以外で使われるものもつくられている。

奈良時代に遣唐使が伝えた品物に用いられた木が「唐の木」、カラキと呼ばれた。東南アジア産のシタン、コクタン、カリン、タガヤサンなどである。入手困難であったが、徐々に輸入されるようになり、安土桃山時代には、茶道文化を背景に唐木の使用が増す。書院づくりの違い棚などの建築に加え、机や茶棚など什器の需要が生まれ、大工の中に指物を専門とする者が現れ、江戸時代には指物師となっていく。大坂は江戸時代の商都であり、長崎に運び込まれた唐木材が大坂へ運ばれた。大坂の薬種問屋が唐木材の販売制度を整え、次第に職人も増え、大坂は唐木指物の本場となった。

唐木は、一般の木材より堅く、専門家でないと扱いが難しいが、使うほどに唐木独特の肌の味わいが輝く。傷みが生じた場合に木をほどいて修理し、再び愛用することができる強みをもっている。座卓や、箸など、使うことで真価が発揮されてくる、奥の深い伝統工芸である。

大阪泉州桐箪笥（大阪市）

大阪泉州桐箪笥の特徴は、良質な桐材と、手組みなどの高度な技法、細部まで丁寧な仕上げと上品な外観にある。最高峰の嫁入り道具として、きものや帯を一生守り、座敷の格式ある顔として誂えられてきた伝統工芸である。

桐材については、近頃ではアメリカからの輸入材にもよいものがあるという。原木を製材し、1〜2年かけて風雨にさらし、自然乾燥と灰汁抜き

Ⅲ　営みの文化編　135

を繰り返した後、木目や長さによって箪笥のどの部位に使うか選別する。木目を揃えて印をつけ、矧ぎの工程に入る。矧ぎ加工では、木材の横幅を確保するために、糊を使い横に接合する際、ぴったりと木目が揃うように見きわめるという、高い技術力が求められる。桐材を各部の寸法に合わせて切断し、組み手継ぎにより接合する。

　大坂では江戸時代中期に箪笥がつくられていたとされる。江戸時代後期には技術が確立され、堺を経て泉州に広がり産地が形成された。商都大坂の経済力、河川や海、木材の集積地の存在が立地条件となった。

　江戸時代末期には農業技術が向上し、豊かな農民が増えた。農民たちは、嫁入り道具として、娘への財産譲渡と嫁ぎ先や世間に実家の財力を示す証となる、見栄えのよい箪笥をもたせたという。

大阪金剛簾 （河内長野市）

おおさかこんごうすだれ

　大阪金剛簾は、各地の良質なタケを割ってヒゴをつくり、用途によっては染め、機具と糸を使って編み、西陣織の緞子の縁や金具、房などをつけて仕上げる技法に特色がある。地元のタケと京都や奈良の需要に支えられて発展してきた。

　簾は、清少納言の『枕草子』に登場する。雪の日に宮中で、中宮から「香炉峰の雪はいかに」と問われた清少納言は、御簾を上げさせる。唐の詩人白居易の詩文の一節、「香炉峰の雪は簾を撥げて看る」ですねとしゃれた対応をみせたという得意の場面である。宮中で室内外の仕切りとして使われていた簾は、中国発祥といわれ、韓国にもみられ、日本では7世紀の『万葉集』の中の額田王の歌に「簾を動かし秋風が吹く」とあるように、貴族の生活とともにあった。平安時代以降、貴族の住む京都には、簾づくりの職人が居て、庶民の暮らしにも簾が広まっていったと考えられる。

　大阪では、金剛山や葛城山の麓に自生するマダケを用い質のよい竹簾づくりが行われるようになった。大阪金剛簾は、江戸時代の18世紀に新堂村（富田林市若松町）に来た武士が、村人に篭などの竹細工の製法を伝えたのが始まりといわれており、篭の技術を基盤に京すだれの技法を取り入れたと考えられている。

　冬に伐採した竹からひごをつくり整え、織り機にかけて織り上げ、縁を縫い付け、金具や房などをつける。工程の中で、ひごの艶出しや編むときの節の揃え方などさまざまな技法が駆使される。なお、量産を可能にする

方式を考案するなど、製法は大きく進歩してきた。河内長野市にあるすだれ資料館では、簾の歴史や製法、使われ方などを学ぶことができる。

王朝由来の簾「御簾」は国の「伝統的工芸品」の指定を受けた。洋間の間仕切りなど簾の新たな製品もつくられている。簾越しの柔らかい光につつまれて、ゆったりとさかづきを酌み交わし、食を楽しむ、そんなひとときが大阪のタケの里の伝統にかかわっている。

堺打刃物（堺市）

堺打刃物の種類は多い。魚をおろす出刃庖丁、刺身用の柳刃庖丁やたこ引き包丁、はも骨切包丁やうなぎ裂包丁など。さらに地域による型の違いや、使用する素材などにより、数えきれないほどの多様性に富む。板前や料理人、魚屋など専門家の要望を満たすプロの道具である。

軟らかい地金と硬い刃先となる鋼を鍛接してつくるところに特徴がある。鋼には、炭素が多量に含まれており、焼入れをすると硬くなるが、もろくもなるので、地金と合わせることで、折れず曲がらずよく切れるようになる。切れ味抜群の片刃構造である。

堺は、古来、海外とも通じる港であり、大坂、紀州、伊勢などへの陸路も通っていた。室町時代、堺の守護大名大内氏は、領有する山陰地方に鉄鋼の原料を押さえていた。また、堺の周辺の丹南や河内には、鋳物師がいたが、この時代には加賀から刀鍛冶の一派が包丁類をつくり始めた。16世紀にポルトガルから鉄砲と煙草が伝来すると、堺では庖丁鍛冶技術を活かした鉄砲と、煙草の葉を刻む庖丁の製造が盛んになる。特に煙草庖丁は、江戸幕府から「堺極」の印を入れての販売を認められ隆盛をきわめた。元禄年間に、堺庖丁の特徴である片刃式が考案された。伝統は今も受け継がれ、本職の料理人用庖丁は、国内シェア90％を超えている。

大阪浪華錫器（大阪市）

大阪浪華錫器は、茶壺や急須、茶托、酒器、徳利、銚子、タンブラー、カップ、花器などのほかに、最近は軟らかいので扱いやすい素材ということで、専門学校生や美術関係の若者が興味をもつため連携してメタルやアクセサリー類など新しい分野の開発もされている。

錫は、金、銀、銅、鉄と並んで「五金」と呼ばれた代表的な金属の一つ。イオン効果で飲み物の口当たりをよくしたり、水のにおいやぬめりが出にくいので、昔から暮らしに密接にかかわっている。例えば、「錫製の酒器

Ⅲ　営みの文化編　　137

の日本酒はまろやかでおいしい」とか、「錫製の花瓶に入れた花は長もちする」などといわれてきた。

日本では1191（建久2）年、宋から帰国した禅僧栄西が茶の種と一緒に茶壺をつくる錫器の職人を連れ帰ったともいわれており、錫職人のルーツともいわれる。湿気を寄せつけないため茶壺や茶入れなどに適しているからだ。当初は京都の公家や大名家で使われていたが、江戸時代後期には大坂に産地が形成され、庶民に広まった。都市ガスでも溶けるほど融点が低く（約230℃）、しかも軟らかいので、溶かして鋳造し直されたり、火事や変形により失われたものも多く、古いものはあまり残っていない。

第二次世界大戦中には軍需物資として統制され、職人の出征などで一時的に衰退したが、戦後に復興した。工程は主に轆轤を使って成形、研磨される。表面に漆を塗ったものもある。日本では原料となる錫石の埋蔵量が少ないため、現在は主にマレーシア、タイ、インドネシアなど東南アジアから輸入されている。

蜻蛉玉 （藤井寺市）

トンボのめがねは「水色、ぴかぴか、赤色」と歌うとき、トンボの目の自然を映す神秘的な輝きが思い浮かぶ。このトンボの目のように無限の彩りに輝く小さなガラスの玉が大阪府知事指定伝統工芸品の蜻蛉玉である。蜻蛉玉は、ペンダントや帯締、髪飾りのほか、バッグや室内の飾りに組み込むなど、幅広く楽しむことができる、小粒ながらキラリと光る暮らしの仲間として人気がある。

ガラスは約4500年前、メソポタミアで発明されエジプトに伝えられたとされ、後にガラス玉の製造が始まり、日本に到来したと思われる。

奈良時代には、国内で生産されるようになったが、技法は秘伝として限られた範囲で伝承された。江戸時代に、中国とヨーロッパのガラス技術が長崎に伝えられ、江戸とんぼ玉、アイヌ玉などがつくられるようになり、特に大坂では泉州玉として根付けやかんざしなどが人気となった。一時期、奢侈禁止令により製造が絶えかけたが、現代では、伝統的な製法のほか作家が独創的に制作するものも多い。

伝統工芸の蜻蛉玉は、クリスタルガラスに江戸時代と同様800℃以上の「炭火」で各種金属の酸化物をまぜて発色させた独自の色ガラスを溶かし加工してつくられる。一定の温度を保つバーナーと異なり、窯の炎の強弱のリズムが千変万化の煌めきをつくり出す。

民　話

地域の特徴

　大阪平野は北を流れる淀川と南を流れる大和川とによって形成された沖積平野で、縄文後期以降の多くの遺跡が認められ、気候は温暖で早くから開発されていたことが知られる。常に治水と埋立てが課題とされてきた。歴史的にみると、近畿地方は、大和国における巻向の古代都市から始まり、飛鳥の宮都、藤原京、平城京を経て、山城国における長岡京、平安京という都城の形成と並んで、8世紀には難波京が置かれた時期もあり、長きにわたって宮都の集中した地域であった。

　そのような中で、古代において大坂は、難波津を介して瀬戸内海を通じ隋・唐・新羅など外国との交渉が行われただけでなく、商業的・経済的・軍事的にも重要な位置を占めてきた。特に大坂は、大きくいえば北部の摂津国、中央の河内国、南部の和泉国などから成り立ち、これらが畿内を形成して、それぞれ発展を遂げてきた。この三つの地域は、その後の歴史・文化・気質などの伝統に少なからず違いをみせてきた。近世に至っても大坂は経済・交通・軍事などの拠点であり、特に江戸時代は大坂に集積された商品が江戸に運ばれた。廃藩置県以後も、大阪は古代以来の歴史的な伝統が文化的特質として生き続けている地域である。

伝承と特徴

　歴史的にみると、奈良・京都・大阪は古代以来、都の置かれたことにともなって、人口が集中したので、早くから都市化の進んだ地域である。そのため、人の流入の少ない民話の豊かな雪深い山村と同列に、口承伝承の蓄積を期待することには無理がある。むしろ、都市部や都市付近の近郊社会の伝承は伝説化される傾向が強く、寺社と結びついた縁起や由緒として伝承される事例が多い。さらに、特定の遺物と結びつかずに世間話化される傾向も強い。

Ⅲ　営みの文化編

特に江戸時代における出版文化によって、民話と絵本や近世小説とが深く交渉しつつ展開し、関西の気質や気風ともかかわって、民話は説明化・ストーリー化される傾向が強かったとみられる。

　もともと民話の伝承状況が希薄であるとともに、民話調査が、農村や山村に出向いて行われる傾向が強かったこともあり、大阪府の民話収集は十分であったとはいえない。

　大阪府に限ると、現在手に取って見ることのできる昔話収集の代表的業績は『浪速の昔話』である。ここに採録されている話柄でみる限り、いわゆる本格昔話・派生昔話の主たるものがほぼ認められる。ただ、それぞれの語りが梗概化されたり、説明が加えられて読み物化されたりする事例が多い。

　伝承者の事例と解説については、前掲の笠井典子に詳しい報告がある。笠井は、大阪府の民話の語り口の特徴が「世間話風の語り口調」にあるという（『浪速の昔話』）。なお、『日本昔話通観』に大阪府の昔話や伝説の概説があり、参考になる。

　現代では図書館の社会教育活動や文庫活動、ボランティアによる絵本の読み聞かせの活動など、市民の参加によって、再話の語りや児童文学の普及が盛んに行われていることが特徴的である。

おもな民話（昔話）

藁しべ長者　昔話「藁しべ長者」には、2種類がある。『浪速の昔話』掲載の事例は、いわゆる「三年味噌型」で、交換される物は藁1本・蓮の葉・味噌・剃刀・刀で典型的なものであるが、冒頭の設定に特徴がある。百姓の息子が長者の娘を獲得するに至る試練として、長者が最初に藁1本を与え金儲けしてきたら望みは叶えてやるという。つまり、金儲けが重要なモチーフになっている。

　これには採られていないが、もう一つのサブタイプは「観音祈請型」で、古代から中世に編纂された説話集『今昔物語集』『宇治拾遺物語』『古本説話集』などにみえる「藁しべ長者」の説話と同じである。このタイプは、長谷観音に富を祈り藁1本を授けてもらうという設定である。交換に至る動機について興味深い点は、困っている人に主人公が気の毒に思って持っているものを与えるところに特徴がある。

『浪速の昔話』の他の事例でも、例えば「笠地蔵」は、爺が笠をこしらえて町に売りに行く。六地蔵の前で、もし売れたら御供えをすると約束する。その結果、笠が売れたので、帰り路で六地蔵に御供えをすると、夜になって大金の包が届けられるという構成になっている。あくまでお金が、福や幸の基本となっている。

これに対して、例えば新潟県の昔話採録集である『おばばの昔ばなし』の「笠地蔵」は、爺は売れなかった笠を地蔵の頭に掛けて帰宅する。笠が売れずお金のない爺と婆は、白湯を呑んで寝ると朝、米俵が置かれていた、というものである。この場合、爺と婆は無欲であり、金儲けは最初から問題になっていない。

このように、大阪府の昔話は雪国の新潟と比べてお金を儲けたり、財をなすことが生活の目的、目標とされているところにあり、民話の基盤をなす精神風土が滲み出ている。

鳥呑爺　　『浪速の昔話』掲載の「鳥呑爺」は、他の地域の採録に比べてストーリーだけが露わになっているが、屁の音である「シジューフィガラ、スットンピー」だけは保存されている。雪深い東北の昔話と比べると、繰り返しをいとわない語りの豊かさは失われ、梗概化・断片化が認められるといわなければならない。ただ、逆の見方をすると、昔話「竹伐爺」の事例でも屁こき爺の「アーズキドン、スンガラスンガラスットントン」という唱え言だけは語りのキーワードとして保存されていることに注目すべきである。

おもな民話（伝説）

蟻通明神（ありとおし）　　泉南郡長滝村（現・泉佐野市長滝）の村社である蟻通明神社の由緒に棄老伝説が用いられている。その内容は、古い文献では平安時代の清少納言『枕草子』にあり、伝えるところは次のようである。

昔、帝は40歳を超えた老人を捨てていた。孝心ある中将は両親を家に匿った。唐の帝がこの国を略奪しようと難題を仕掛けてくる。木の本末を知る方法、蛇の雌雄を知る方法、七曲の玉の中に穴があり左右の口に糸を通す方法などであった。中将は両親の知恵によってことごとく帝に答えを伝えると、帝は唐の帝に答えた。すると、日本が賢い国であると見直

Ⅲ　営みの文化編　　**141**

したという。帝が中将に褒美を取らせようとすると、中将は両親を許して
ほしいと告げた。父は蟻通明神となったという。その後、紀貫之が神社前
を横ぎろうとすると馬が倒れた。貫之は即座に和歌「かきくもり」を詠む
と、馬はたちまち蘇生したという。

　柳田國男は棄老伝説を四つの型に分けている（「親棄山」『村と学童』）。
出典をみると、蟻通明神の伝説はインドの棄老国の伝承にまで遡れる古
いもので、『法苑珠林』『雑宝蔵経』『祖庭事苑』などに見える。日本では『広
益俗説弁』（井沢蟠竜）、『河社』（契沖）、『東湖随筆』（稲垣龍軒）などに
認められる。あわせて世間話としても広く流布したものとみられる。

長柄人柱（ながらのひとばしら）　　古い資料は、元禄年間に刊行された『摂陽群談』にあり、『摂
津名所図絵』『河内名所図絵』などにも載る。1931年6月刊行
の『上方』（かみがた）所収の「上方伝説行脚」の報告によると、豊能郡垂水村（とよの　たるみ）の垂水
神社に残る伝説で、その内容は次のとおりである。

　昔、垂水村では、長柄川（ながら）にかかる長柄橋をつくろうとして、人柱となる
べき者を探した。橋詰の関所で取り調べ、該当する垂水里の長者の岩氏を
水に投げ入れた。すると、娘は悲しみのゆえに声が出なくなる。その後、
娘を河内国の長者の子が嫁に求める。夫の長者が娘の垂水里近くで雉子（きじ）を
射ると、娘は涙を流して「物いわじ父は長柄の人柱鳴かずば雉子も射られ
ざらまし」と和歌を詠んだという。

　この伝説には異伝が多いが、ストーリーとしては長柄橋をつくるにあた
って、人柱となった者がいたという点が、変わらずに伝えられてきたとい
える。

山蔭中納言（やまかげ）　　総持寺（そうじじ）をめぐる伝説で、最も古い資料は院政期の『今昔
物語集巻　第19』第29話であるが、『大阪の伝説』によると、
内容は次のようである。

　仁明天皇のころ藤原高房は、大宰府に赴任する途中、穂積村（ほづみ）（現・高槻
市）の辺で、猟師が亀を殺そうとしているのを見て、助けて逃がしてやる。
その後、高房は同行の幼児が水中に落ち、長谷の観音に救いを求めると、
亀が背中に子を乗せて現れる。大宰府に赴いて高房は、観音像をつくろう
と唐の商人に依頼するが間にあわず、他界する。その後、子の山蔭中納言
が任地の海辺で、父の名を刻んだ香木（こうぼく）を発見する。香木を京に運ぶ途中、
総持寺のあたりで香木は重くなり、運べなかった。そこで長谷寺に詣でて

142

良工を祈った。童児を得て連れ帰り、尊像をつくりえたという。

『今昔物語集』の説話は、大宰府帥山蔭中納言の子が継子苛めに遭い、継母によって海に流される。子を探す山蔭中納言は、亀の背中に子が乗って現れるのを発見する。これは、かつて助けた亀の報恩のしわざだった。中納言は子を法師となし、総持寺を建造したという。『今昔物語集』の説話は、継子苛めの構成をもつが、伝説は亀の報恩が基本的な構成をなしている。

鉢かづき

「姥皮(うばかわ)」型の昔話は全国的に流布している。継母にいじめられた娘は、母からもらった鉢をもって舟で流される。助けられた娘は鉢をかぶっていた。娘は若旦那に見初められて幸せになる。ただし、室町時代に成立し江戸時代に流布した『御伽草子』の一つ「鉢かづき」は、河内国交野(かたの)の物語とする。御伽草子と昔話との間には複雑な交渉の歴史があると考えられる。

茨木童子(いばらぎ)

これにも異伝が多い。例えば、『摂陽群談』では、童子は生まれながらにして牙をもち髪長く眼光鋭く、凶暴だったために茨木村に捨てられたが、酒呑童子(しゅてん)に拾われ賊徒になったという。

あるいは、『茨木市史』では、幼くして捨てられるが床屋に拾われ、人の血の味を覚える。ある日、水に映る自分の顔が鬼の形相であることに気づく。やがて大江山の酒呑童子の家来となったという。出生地跡や茨木童子貌見橋(すがた)など、多くの記念物が残る。

茨木童子の物語は、『平家物語』の「剣巻」、『謡曲』の「羅生門」、『御伽草子』の「酒呑童子」や歌舞伎などにもみえる。一方、摂津国に伝わる茨木童子は、自分を捨てた親に尽くし看病したという伝承もある(『茨木市史』)。

なお、これらの他、宮本常一による大阪府取石村の調査では、昔話だけでなく世間話も採録されている(『夢のしらせ　大阪の伝説』)が、話柄は一般的なものにとどまっている。

Ⅲ　営みの文化編

姥が火

地域の特徴

　大阪府は北摂山地、生駒・金剛山地、和泉山地に囲まれ、その内側には大阪平野が広がっている。西に瀬戸内海を臨み、平野の北東部に淀川、中ほどには大和川が流れこむ。旧国では摂津東部、河内、和泉の3国（および丹波の一部）からなる。

　平野の中心部は瀬戸内海に向かって開かれた海上交通の要衝であり、古代には難波宮が置かれるなど、古くから開けた地域であった。戦国期には天下を狙う豊臣秀吉により上町台地上に大坂城が築かれ、その西に広がる沖積平野に大規模な城下町が形成された。大坂夏の陣での豊臣家の敗退により、政治的中心となることは逃したが、近世には商品流通・金融の中心として栄え、「天下の台所」とよばれる日本一の商都となった。

　そして、経済的な繁栄のもと、商人らしく現金かつ合理的であるのに、サービス精神は旺盛な人間臭い上方文化が育まれた。そんな余裕のある文化的背景のおかげか、人々の怪異・妖怪に対する態度も単に不合理を切り捨ててしまうような単純なものにはならず、山片蟠桃や懐徳堂の学者のように鬼神の存在を否定する現実主義者と、上田秋成のような幻想家の両極端な人々が共存可能で（『大阪怪談集』）、不思議さえネタにして楽しむことのできる懐の広いものとなったようである。

伝承の特徴

　古代から政治経済、文化の中心であった畿内地域に属しているため、鬼や阿倍晴明に関わる古式ゆかしい雰囲気の伝承がみられる一方で、早くから都市化が進んだことにより、町ならではの特徴をもった伝承を認めることもできる。さまざまな書き物を読み、新旧の話を比較すると、サービス精神ゆえか、再話の過程で話が盛られ、内容がより具体的で面白くなっていくことがあるのに気づかされる。こうした点も、早くから落語や漫才に

親しみ、書物を読み、学問にふれて育った町の人らしい伝承のありかたなのであろう。

　また都市部では、周辺の農山村以上に怪現象を起こした犯人が狸であるとされることが多い。このような傾向が生じたのには、近世都市の基盤設備と狸の生態が影響しているようだ。豊臣秀吉によって大阪の町が築かれたとき、その中心地域には「背割下水」が設けられた。これは、東西南北碁盤目状の街路に面した建物の裏側、建物同士が背中合わせになったところを東西に流れる排水路である。上をふさいでいない溝、いわゆる開渠だったので、溝に捨てられた残飯を漁り、そこに棲息し、通路に使う狸を実際に目撃する人も多かった。こうした狸のことを「下水道の狸」といい、『おんごく』という子どもの遊びの謡にも「すいどのたのきは坊主に化ける。化けた姿が恐ろしや」などと歌いこまれている。明治の頃には、現在、大阪一の目抜き通りとなった御堂筋あたりの下水道にも「だんじり兵衛」という狸が棲んでいて、幻のだんじり囃子の音をさせたという。御堂筋にある南御堂、北御堂の付近に妖怪が出るという話を以下でも紹介するが、両御堂の周囲にも下水道の溝があり、狸の「深夜の常詰場所」であったため、狸の化かし話が生まれやすかったようだ（『上方』76）。現在でも、大阪城公園や天王寺公園などに生息している狸が確認される（『都市の自然2014』）ことからすると、実際に町中の水路に生息していた狸が化かす狸のイメージを支えていた可能性は高い。

主な妖怪たち

茨木童子　茨木市水尾に生まれたその子は、はじめから歯が生えそろっており、すぐに立ちあがって歩いたのだそうだ。母親はショックで亡くなり、怖れた父親は子どもを村はずれに捨ててしまった。彼は近くの床屋に拾われたが、床屋の仕事を手伝っているときに誤って傷つけた客の血を舐め味をしめ、やがてわざと傷をつけて血を舐めるようになってしまった。あるとき、彼は橋の下の水に映った自分の顔が鬼のようであるのに気づいた。里にはいられないと思った彼は、人の世を捨て大江山で「酒呑童子」の配下となり「茨木童子」と名乗った。この言い伝えの橋は「茨木童子の貌見橋」とよばれ、かつては茨木市新庄町に存在していたが、川は埋められて、今ではもう失われている（『茨木市史』）。

Ⅲ　営みの文化編　　145

姥が火　　江戸時代前期の地誌『河内国名所鑑』によると、枚岡（ひらおか）あたりの山裾を飛びまわるこの不思議な火は、枚岡神社の灯明の油を夜ごと盗んだ老婆が、死後神仏の罰を受けて光物となったもので、その形は死んだ老婆の首から火が吹き出しているようにみえるとある。挿し絵入りの百科事典『和漢三才図会』に記録された目撃者の談話では、その正体は口から火を吐く鳥だったという。この怪火は物語作者や絵師の創作意欲を刺激するらしく、近世大阪の町で活躍した井原西鶴の『西鶴諸国ばなし』をはじめ、謡曲、浄瑠璃、青本や合巻本といった絵物語などで繰り返し作品化されており、それらのなかには火を伴って飛行する老婆の首などの怪火を描いた挿し絵のつけられたものもある（『叢』18、『叢』32）。鳥山石燕の『画図百鬼夜行』でも、老婆の頭部が炎につつまれて飛行する印象的な怪火が描かれている。

大蜥蜴（おおとかげ）　　大阪市の扇町公園附近は、江戸時代には近在のごみ捨て場になっていて「ごもく山」とよばれていた。堀川の開削工事のため、役人が人夫たちを指揮し、この塵芥の山の撤去作業を行っていたら、突如、異様な音が轟き、6尺（1.8m）近くもある大蜥蜴が出現し、役人たちを睨みつけた。人々が怖れ逃げ惑ううちに、大蜥蜴は堀川に飛びこんで行方をくらました。これ以後、堀川のこのあたりで毎年2〜3人の水死者が必ず出るのは大蜥蜴の仕業だとされ、この近所では子どもたちに川遊びを禁じるためしばしばこの怪物の話が持ち出されたそうだ（『上方』33）。

葛葉狐（くずのは）　　信太の森（和泉市の信太山附近）で猟師に追われた白狐が、かくまってくれた安倍保名に恩返しをするため女に化け、葛の葉と名乗って彼の妻になった物語は、説教節の『信太妻』、歌舞伎『蘆屋道満大内鑑』などにより広く語り伝えられている（『古代研究民俗篇第一』）。正体がばれ、わが子を置いて行かねばならなくなったとき、

　　「恋しくばたずね来てみよ和泉なる信太の森のうらみ葛の葉」

と和歌を一首残して葛の葉が森へ去るエピソードは、彼女の子が育って安倍晴明になったとされることもあってよく知られている。この子別れの物語は強く人の心に訴えかける力があるからであろう、現在に至るまでいろいろなかたちで語りなおされている。

　信太山の伝承があり、狐への信仰が濃かったせいか、和泉地域には人を化かす狐の話が多く語り伝えられている。岸和田市では、番傘をさした綺

麗な柄の着物を着た5、6人の女の人の行列を目撃した人があり、泉佐野市では次々通る別嬪さんに道をふさがれた人がある。どちらも狐の仕業だと解釈されたのは、葛の葉のように狐は女性に化けるというイメージがあるからだろう。和泉地域に限らず狐はいろいろな悪さをするもので、「狐火」を目撃したという話は各地に残されているし、寝屋川市には通行人に水をあびせる「水かけ狐」、藁で編んだ籠状の入れ物を下ろし、そこに人を入れて吊り上げるというつるべ落としに似た「ふご狐」などの話がある（『寝屋川市のむかしはなし』）。

砂かけ婆

何者かが道行く人に砂をかけたという話が府下のあちこちに伝えられている。町中には、南御堂の南側の崖のあたりに砂をかけるお化けがいた（『随筆大阪』）。吹田市下新田では肉桂の木の下を通るとよく狸に砂をかけられたといい（『千里ニュータウンむかしのはなし』）、大阪市平野区では公孫樹の巨木附近で狸に（『ひらののオモロイはなし』）、河内長野の川上村では杉の木など大きな木の下で狸や狐に砂をかけられたという（『川上地区の民話』『天野・下里地区の民話』）。この悪戯、摂津から北河内にかけてはだいたい狸が犯人だとされるが、三島郡や大東市などでは狸ではあっても「豆狸」の仕業だと考えられていた（『上方』118、『御領まほろば』）。中河内から和泉にかけては、狐が犯人として名指しされる場合もある。だが、すべての場合において獣が犯人だと考えられていたわけではなく、「砂かけ婆」の仕業とされることも多かったようだ。船場の西のはずれにある筋違橋のたもと、池田市、東大阪市、大東市などにそうした言い伝えが残っている（『池田市史』『東大阪民話』『大東の伝承文化』『近畿民俗』55）。豊中市などでは砂をかける狸と「砂かけ婆」は同じものだと考えられている。大東市に伝わる「砂かけ婆」は「顔が人間、胴体は猫」という奇妙な姿をしているというのだが、この場合は顔が老婆のようだということなのだろう。

高入道

背の高い坊主の姿、ぼんやりと大きな人影などの形をとって出現し、背丈を伸ばして人を驚かしたりする大入道タイプのお化けは、日本各地に伝えられているが、大阪府下にも広く分布しており、摂津地域では「高入道」、河内地域では「高坊主」「高々坊主」や「背高坊主」、南河内から和泉にかけての地域では「白坊主」とよばれる傾向にある。富田林市には、黒いかたまりから両手をひろげた大入道みたいになって

Ⅲ　営みの文化編　　147

ぶわーっと天までのびてみせたり、大きな女の姿になったりして夜遊び帰りの男たちを化かした「高々坊主」の話がある（『富田林の民話』）。東大阪市の「タカボーズ」は木の上から褌をたらしてみせたり、通行人の額を舐めたりした（『布施の民俗』）。高石市取石では、会社帰りの人がグリコを食べて歩いていたら「白坊主」が現れ、その人は恐かったので屁をひって逃げ帰ったそうだ（『とろし』）。都市のど真ん中にもこのお化けは姿を現しており、1882（明治15）年頃には、御堂筋にある北御堂の境内に、夜半、物凄き「高入道」が現れて通行人を驚かせるという噂が広がって、恐れた市民が夜歩きを控えるほどだったとの記録もある。棒や杖で「高入道」の足許を横なぎにしばきつけると消えるといい、これは人をたぶらかしている古狸がお化けの足のあたりにいるからだそうだ（『上方』33号）。この例に限らず、大入道の正体は狐狸であるとされる傾向が強く、大阪府下では狸の仕業だと語られる場合が圧倒的に多い。排便のためにしゃがんでいた僧を「高入道」と見間違えたなどと身も蓋もないオチのつく笑い話も語られている（『豊中の伝説と昔話』）。

だんじり吉兵衛

もう天神祭も終わっているのに、どこからともなく「ドコドンドコドン」「コンチキチン」とだんじり囃子の音が聞こえてくる。時には屋根を越えて遠くの方から、あるいはすぐ近くの軒下のあたりから。しかし、だんじりどころか、太鼓や鉦で囃す人の影すらない。「だんじり吉兵衛」はこんな怪音現象を起こす狸である。大阪市北区の堀川戎神社の境内には、だんじりの形を模した榎木神社の社があって、「だんじり吉兵衛」はそこに祀られている。都市祭礼のだんじり囃子を真似するところが、いかにも町の狸らしい。

大阪市内には、先にふれた御堂筋の「だんじり兵衛」のほかにも、「だんじり孫左衛門」「だんじり豆吉」と名前にだんじりのつくものが多い。「だんじり豆吉」は玉造小学校近くの榎木の大木に棲んでいて、雨の日に下を通ると、傘の上に砂や小石を降らせたという（『大阪動物誌』）。

チャンチャカお婆

大阪空襲で焼失するよりも前、北御堂の正門右手の便所、一番奥にある雪隠には、白髪を振り乱した「チャンチャカお婆」が住んでいると近所の子どもたちは恐れていた。黄昏時、誰からともなく「チャンチャカお婆、赤い紙やろか、白い紙やろか」と声が上がったら、みんなでそれに唱和して帰宅したものだという（『民

148

間伝承』26-2)。このフレーズに読みこまれた落とし紙の色を選ばせる質問は、その回答を誤るとよくないことが起こるというトイレの怪談話によくある定型のものである。大阪市内の小学校では昭和10年代にはすでにこのタイプの怪談が語られており、返事さえしなければなにも起きないが、赤い紙を選ぶと尻を舐められ、白い紙を選べば白い手で尻を撫でられるといっていたようだ（『現代民話考』7）。このお婆も似たような問いかけや嫌がらせをすると、子どもたちのあいだでまことしやかに語られていたのだろう。

ノヅチ　枚方市宮之阪にある禁野車塚古墳は、北河内で屈指の規模を有する前方後円墳だが、この古墳には恐ろしい「主」がいるといわれている。無闇に侵入する者、悪さを働いた者には塚に住む「ノヅチ」が祟るのだそうだ。胴の短い蛇だとか、大蛇だとか、その姿かたちについては意見が定まらない。現代的な文化財保護の考えが定着する以前には、「主」の伝説、塚の樹を伐った者が病死したなどの噂話が、この古墳を消滅から守ってきたという（『まんだ』13号、『ひらかた昔ばなし─総集編』）。現在「ツチノコ」とよばれるこのまほろしの蛇を、まわりが5寸（約15cm）、長さが8寸（約24cm）の蛇だから「ゴハッスン」（『河内春日村民俗記』）、ころころと転がるから「コロ」とする別名が大阪府下には伝え残されている（『加賀田地区の民話』）。

豆狸　悪戯をするのは普通の狸ではなく、「豆狸」とよばれる特殊な小さい狸（単なる子狸だという意見もあるが）だと考える人たちもいる。この狸はお囃子の音をさせ、通行人に砂をかけるなどさまざまな不思議をなし、人に憑依することもあるという。北御堂の不開門あたりを、雨の日に通ると、急に傘を持つ手が重くなることがある。これは「豆狸」が傘の柄にぶら下がったせいなので、傘の柄の先を手でぽんぽんと叩いたらよいのだとか（『船場を語る』）。傘を重たくする「豆狸」の話は道頓堀界隈にも伝わっており、三田純市はそれをもとにして落語『まめだ』を新作したそうである。この落語では、傘の上に乗った「豆狸」はとんぼ返りをした人間に地面へ叩きつけられ命を落としてしまう（『米朝ばなし 上方落語地図』）。岡本綺堂の随筆に東京の芝でカワウソが同じ悪戯をして、同じくとんぼ返りによって地面に叩きつけられ落命する話がある（『風俗江戸物語』）ので、似た話は各地で広く語られていたようである。

Ⅲ　営みの文化編　　149

高校野球

大阪府高校野球史

　大阪で最初に野球部が誕生したのは，1893年の府立大阪尋常中学校（現在の北野高校）で，続いて96年に大阪府第五尋常中学校（現在の天王寺高校），97年に岸和田中学校（現在の岸和田高校），1902年に堺中学校（現在の三国丘高校）などで創部された．大阪府の特徴は実力校の数が多いことである．

　15年の第1回大会の関西予選では市岡中学が決勝で和歌山中学に敗れたため，第1回大会には大阪府から出場することができなかった．翌年の第2回大会からは大阪府は単独で1代表を送ることになり，市岡中学が初めて全国大会に出場し，準優勝した．

　17年の第3回大会には明星商業（現在の明星高校）が出場，以後25年までこの2校が代表を独占した．この間，24年に始まった選抜大会にも市岡中学が選ばれ，ベスト4まで進んでいる．

　昭和に入ると八尾中学と浪華商業が2強となり，浪華商業は34年の選抜で準優勝，37年の選抜では優勝している．

　48年の選抜には北野中学，学制改革後の同年夏には天王寺高校が出場，以後大阪府はしばらく府立高校の天下が続いた．圧倒的に私立勢が強かった東京とは逆である．新制北野高校は49年選抜で優勝．52年には八尾高校が選抜でベスト4まで進み，夏には準優勝している．

　53年春，浪華商業が甲子園に復活して準優勝，さらに55年の選抜では優勝している．府立高校勢はこの後，寝屋川高校，富田林高校なども出場したが，60年選抜に出場した阿倍野高校を最後にしばらく出場できなくなった．

　50年代後半から強くなってきた私立高校は，61年以降代表を独占した．61年夏は怪童・尾崎行雄投手を擁した浪商高校が全国制覇．さらに63年夏は明星高校が初優勝，68年夏には興国高校が夏の大会に初出場で優勝し

た．62年の選抜ではPL学園高校が初出場を果たし，70年夏には早くも準優勝している．また，70年選抜では北陽高校が準優勝，翌71年選抜では大鉄高校が準優勝と，大阪勢が3季連続で準優勝した．PL学園高校は76年夏にも準優勝している．

78年夏はPL学園高校が準決勝の中京高校戦で9回2死から4点をあげて同点に追いついて延長戦でサヨナラ勝ち．決勝では9回裏に2点差をひっくり返して逆転サヨナラ勝ちと，神がかり的な試合を続けて初優勝を果たした．これ以降，同校は“逆転のPL”といわれ，甲子園にPL学園時代を築くことになる．

80年にはPL学園高校に中村順司監督が就任してさらに強くなった．81年選抜では決勝戦に進み，再び9回裏に逆転サヨナラで印旛高校を破って優勝した．83年，清原和博と桑田真澄が入学，エースと4番が1年生という驚異のチームが誕生した．準決勝では当時最強と見なされていた池田高校を7－0で一方的に破り，全国優勝．以後，桑田・清原のコンビでは5季全ての甲子園に出場，優勝2回，準優勝2回，ベスト4が1回という成績を残している．同校は87年には春夏連覇を達成した．

平成に入ると上宮高校が台頭してきた．同校は89年の選抜で決勝戦まで進出，東邦高校との試合は延長10回表に1点を勝ち越したが，その裏に逆転サヨナラ負けを喫した．翌90年の選抜では近畿大学附属高校が初優勝，91年夏には大阪桐蔭高校が初出場初優勝を達成．さらに93年選抜では上宮高校が優勝と，大阪勢の活躍が見られた．

98年にはPL学園高校が春夏連続出場，夏の準々決勝における横浜高校との対戦は，延長に入ってから2回リードされながらも追いつくという執念を見せたものの17回で力尽きて敗れている．

21世紀に入ると，大阪桐蔭高校が急速に力をつけて全国屈指の強豪校となった．2012年には史上6校目の春夏連覇を達成，さらに17年から選抜を2連覇し，18年には史上初の2度目の春夏連覇も達成した．また，この頃から履正社高校も強豪校に成長，17年の選抜では大阪桐蔭高校と履正社高校という大阪同士の決勝戦となっている．このときは大阪桐蔭高校が優勝したが，履正社高校は19年夏に全国制覇を達成した．

その一方で，一世を風靡したPL学園高校は廃部され，2017年には高野連を脱退している．

Ⅲ　営みの文化編　　**151**

主な高校

芦間高 (守口市，府立)
春1回・夏3回出場
通算3勝4敗1分

1923年私立の京阪商業学校として創立．47年学制改革で京阪高校となり，翌48年守口市に移管して，市立京阪高校となる．63年大阪府に移管，66年府立守口高校と改称した．2002年守口北高校と統合し，府立芦間高校と改称した．

1936年夏に甲子園初出場でベスト8に進み，38年夏にもベスト8に進んだ．戦後は一度も出場できず，芦間高校に統合後は廃部されている．

市岡高 (大阪市，府立)
春11回・夏10回出場
通算14勝20敗1分，準優勝1回

1901年2月大阪府立第七中学校として創立，6月に市岡中学校と改称．48年の学制改革で市岡高校となる．

06年に創部し，15年の第1回大会関西予選に出場．翌16年の2回大会では全国大会に出場，準々決勝の一関中学戦では松本終吉投手がノーヒットノーランを達成し準優勝．戦前だけで春夏合わせて17回出場．95年選抜にも出場している．帽子の3本線がトレードマーク．OBには佐伯達夫第3代高野連会長がいる．

上宮高 (大阪市，私立)
春8回・夏1回出場
通算22勝8敗，優勝1回，準優勝1回

1890年浄土宗大阪支校として創立．1902年上宮中学校となり，48年の学制改革で上宮高校となる．

46年創部．80年選抜に初出場すると，80～90年代にかけて一時代を築いた．89年選抜では決勝まで進み，同点で迎えた延長10回表に1点を勝ち越したが，その裏に逆転サヨナラ負けで準優勝となった．93年選抜では優勝している．97年春にベスト4に進んだのを最後に，以後は出場していない．

上宮太子高 (太子町，私立)
春1回・夏1回出場
通算0勝2敗

1985年に上宮高校の附属中学校が太子町に開校．88年に高校を開校して上宮高校太子町学舎となり，91年に独立して上宮太子高校と改称．

98年創部．3年目の2000年選抜に初出場．01年夏にも出場した

扇町総合高 （大阪市，市立）

春2回・夏0回出場
通算1勝2敗

1923年市立扇町商業学校として創立し，48年の学制改革で市立中之島女子商業学校と統合して，市立扇町商業高校となる．2001年扇町総合高校と改称した．22年大阪市立南高校，大阪市立西高校と統合して，府立桜和高校となる予定．

1925年創部．40年選抜に初出場．戦後は51年選抜に出場し，新宮高校を降して初戦を突破した．

大阪桐蔭高 （大東市，私立）

春12回・夏10回出場
通算63勝13敗，優勝8回

1983年大阪産大高校大東校舎として創立．88年独立して大阪桐蔭高校となる．

88年に創部し，91年春甲子園に初出場すると，夏には全国制覇を達成した．2002年夏に3度目の出場となった後は，全国屈指の強豪校に成長し，08年夏に2度目の全国制覇．12年には史上6校目の春夏連覇，18年には史上初の2回目の春夏連覇を達成するなど，21世紀になって以降は全国の頂点に君臨している．

関西創価高 （交野市，私立）

春1回，夏0回出場
通算3勝1敗

1973年に関西創価女子高校として創立．82年に共学となり，同年創部．2001年選抜に初出場，東北高校，水戸商業，尽誠学園高校と降してベスト4まで進んだ．

関大一高 （吹田市，私立）

春2回・夏1回出場
通算8勝3敗，準優勝1回

1913年関西甲種商業学校として創立．48年の学制改革で関西大学附属第一高校となり，52年に関西大学第一高校と改称．

創立と同時に創部し，29年選抜に出場してベスト8まで進む．その後，98年選抜に69年振りの甲子園出場を果たすと決勝まで進出，準優勝した．続いて夏も出場し，ベスト8まで進んでいる．

関大北陽高 （大阪市，私立）

春8回・夏6回出場
通算17勝14敗，準優勝1回

1925年甲種北陽商業として創立．49年北陽高校に改称．2008年関西大

Ⅲ　営みの文化編　153

学北陽高校と改称.

1926年に創部. 66年夏に甲子園初出場, 70年選抜では準優勝した. 以後出場を重ね, 90年選抜ではベスト4に進出. 73年夏3回戦の高鍋高校戦では有田二三男投手がノーヒットノーランを達成した. 近年では2007年選抜に出場している. OBには阪神監督も務めた岡田彰布がいる.

北野高 （大阪市, 府立）
春4回・夏1回出場
通算9勝4敗, 優勝1回

1873年4月欧学校として創立, 5月集成学校と改称. 77年大阪府第一番中学校となり, 79年大阪府立中学校と改称. さらに, 86年府立大阪尋常中学校, 95年大阪府第一尋常中学校, 99年大阪府第一中学校, 1901年府立堂島中学校, 02年府立北野中学校となり, 48年の学制改革で府立北野高校となった.

1891年から本格的に野球が行われるようになり, 正式創部は93年という府内きっての名門. 1927年夏に甲子園初出場. 戦後, 48年から3年連続して選抜に出場, 48年はベスト4に進み, 49年は優勝した. 52年選抜を最後に出場していない.

近大泉州高 （岸和田市, 私立）
春1回・夏1回出場
通算1勝2敗

1973年女子校の泉州高校として創立し, 75年共学化. 99年飛翔館高校と改称. 2009年近畿大学の準附属高校となり, 近大泉州高校と改称.

1975年創部. 泉州高校時代の83年選抜に初出場, 取手二高を降して初戦を突破した. 86年夏にも出場している.

近大付高 （東大阪市, 私立）
春7回・夏5回出場
通算12勝11敗1分, 優勝1回

1939年日本工業学校として創立. 48年大阪理工大学附属高校となり, 49年大阪専門学校と合併して近畿大学附属高校となる.

46年創部. 67年選抜で初出場, 71年選抜ではベスト8に進み, 90年選抜では優勝した. 近年では2018年夏に出場している.

興国高 （大阪市, 私立）
春5回・夏2回出場
通算8勝6敗, 優勝1回

1926年興国商業学校として創立. 48年の学制改革で興国商業高校となる. 63年興国高校と改称した.

154

29年に創部し，興国商業時代の33年選抜に初出場．興国高校に改称後の68年夏には全国制覇した．75年夏を最後に出場していない．

金光大阪高 （高槻市，私立）
春2回・夏1回出場
通算0勝3敗

1982年金光第一高校として創立．99年金光大阪高校と改称した．

82年創部．2002年選抜に初出場．以後，07年夏と09年選抜にも出場している．

泉陽高 （堺市，府立）
春1回・夏1回出場
通算5勝2敗

1888年創立の堺区立堺女学校を前身に，1900年市立堺高等女学校として創立．12年府立に移管．48年の学制改革で府立堺中学，市立堺高等女学校を統合して府立泉陽高校となる．

49年創部．54年選抜に初出場するといきなりベスト4に進出．続いて夏も出場し，ベスト8に進出した．

大院大高 （吹田市，私立）
春1回，夏0回出場
通算2勝1敗

1940年に創立された年関西簿記研究所が前身で，59年関西経済学院商業高校として創立．61年大阪学院大学の創立で大阪学院大学高と改称．当初は大阪学院高と呼ばれたが，近年のマスコミでは大院大高と表記されることが多い．

59年の創立と同時に創部．96年選抜に初出場，初戦で横浜高校を降すと，米子東高校も破って，ベスト8まで進んだ．

大体大浪商高 （熊取町，私立）
春19回・夏13回出場
通算49勝28敗2分，優勝4回，準優勝3回

1921年浪華商業実修学校として創立し，24年浪華商業学校となる．48年の学制改革で浪華商業高校となり，59年普通科の設置で浪商高校と改称．89年から大阪体育大学浪商高校となる．

24年創部．26年夏に初出場，34年選抜で準優勝した．以後は全国的な強豪校として活躍，37年選抜では優勝した．戦後第1回の46年夏の大会でも優勝している．浪商高校と改称後も61年夏に優勝，79年春準優勝．2002年選抜には大体大浪商高校として出場した．

Ⅲ　営みの文化編　　155

天王寺高（大阪市，府立）
春1回・夏1回出場
通算0勝2敗

1896年大阪府第五尋常中学校として創立し，1901年府立天王寺中学校と改称．48年の学制改革で府立天王寺高校となる．

1896年の創立直後に創部した，北野高校と並ぶ名門．大阪予選には1918年から参加し，旧制時代の47年選抜に初出場．新制高校となった48年夏にも出場した．

東海大大阪仰星高（枚方市，私立）
春2回・夏0回出場
通算0勝2敗

1983年東海大学仰星高校として創立し，2018年東海大学附属大阪仰星高校と改称．

創立と同時に創部．1996年選抜に初出場．2000年選抜にも出場した．

浪速高（大阪市，私立）
春2回・夏0回出場
通算2勝2敗

1923年大阪国学院が浪速中学校として創立し，48年の学制改革で浪速高校となる．

26年創部．91年選抜で初出場．2001年選抜では福井商業，小松島高校を降してベスト8まで進んだ．

日新高（東大阪市，市立）
春5回・夏1回出場
通算2勝6敗

1921年私立大正学校として創立し，翌22年に開校．23年日新商業学校と改称した．48年の学制改革を機に布施市に移管され，布施市立日新高校となる．67年布施市の合併に伴い，東大阪市立日新高校と改称した．

34年選抜で甲子園に初出場，以後戦前に春夏合わせて6回出場．35年夏と41年選抜で初戦を突破している．戦後は1度も出場していない．

寝屋川高（寝屋川市，府立）
春2回・夏1回出場
通算2勝3敗

1909年組合立河北高等女学校として創立．21年府立に移管し，28年に寝屋川高等女学校と改称した．48年の学制改革で府立寝屋川高校となった．

46年に創部し，56年選抜に初出場．57年には春夏連続出場，夏の2回戦の早実戦では島崎武久投手が早実打線を0点に抑えたが，打線が王貞治投手から1安打もできず，そのまま延長戦に突入，結局延長11回に0－1で

敗れ，史上初の延長戦ノーヒットノーランを喫した．以後，出場していない．
OBには甲子園で審判として活躍した達摩省一がいる．

阪南大高（松原市，私立）
春5回・夏2回出場
通算8勝7敗，準優勝1回

1939年大鉄工学校として創立し，41年大鉄工業学校となる．48年の学制改革で大鉄高校となった．86年阪南大学高校と改称．

46年に創部し，大鉄高校時代の49年選抜に初出場．71年選抜では準優勝している．77年夏にもベスト4まで進んだ．阪南大高校に改称後は出場していない．OBには福本豊がいる．

PL学園高（富田林市，私立）
春20回・夏17回出場
通算96勝30敗，優勝7回，準優勝4回

1955年に創立し，翌56年創部．62年選抜に初出場してベスト8に進んだ．以後，常連校として活躍し，70年夏には準優勝．76年夏に2度目の準優勝をしてからは全国屈指の強豪校となり，以後80年代にかけて一時代を築いて高校球界の頂点に立った．83年夏〜85年夏にかけては桑田・清原を擁して5季で23勝3敗という驚異的な成績を残した他，87年には春夏連覇を達成している．98年夏には横浜高校と延長17回の死闘を繰り広げた．2009年夏を最後に出場しておらず，16年夏の府大会を最後に休部，翌17年3月に高野連を脱退した．

三国丘高（堺市，府立）
春2回・夏0回出場
通算0勝2敗

1895年大阪府第二尋常中学校として創立し，1901年に大阪府堺中学校，03年府立堺中学校と改称．48年の学制改革で府立三国ヶ丘高校となった．2001年府立三国丘高校に改称．

正式の創部は1902年とされるが，それ以前から活動していた．34年堺中学として選抜に初出場．84年選抜に50年振りに甲子園に出場して話題になった．

都島工（大阪市，市立）
春0回，夏1回出場
通算2勝1敗

1907年市立大阪工業学校として大阪駅北口に創立．25年都島区に移転し，翌26年市立都島工業学校と改称．46年に西島工業学校を統合．48年の学制改革で市立都島工業高校となった．2022年府に移管予定．

Ⅲ　営みの文化編　157

08年に創部し，15年の第1回大会関西予選にも参加した．51年夏に甲子園初出場，初戦で早実を降すと，2回戦では豊橋商業を破ってベスト8まで進んだ．

明星高 (大阪市，私立)
春4回・夏8回出場
通算11勝12敗，優勝1回

1898年明星学校として創立．1903年明星商業学校と改称．47年の学制改革で明星高校となる．

05年の創部とされるが，それ以前から活動していた．15年の第1回予選に参加し，17年夏に全国大会初出場，大正時代に3回出場した．戦後も，55年春に復活，以後72年まで9回出場し，63年夏には全国制覇を達成した．72年夏のベスト8を最後に出場していない．

八尾高 (八尾市，府立)
春6回・夏4回出場
通算16勝10敗，準優勝1回

1895年大阪府第三尋常中学校として創立．1901年府立八尾中学校と改称．48年の学制改革で府立八尾高校となる．

創立間もない頃から活動があったが，第1回大会関西予選に参加した15年を創部年としている．26年選抜で初出場．31年春から4季連続出場するなど，戦前だけで7回出場．29年春と31年春にはベスト4に進んだ．戦後も52年に春夏連続出場し，春はベスト4，夏は準優勝．59年夏にもベスト4に進んでいる．

履正社高 (豊中市，私立)
春9回・夏4回出場
通算22勝11敗，優勝1回，準優勝2回

1922年大阪福島商業学校として創立．27年の学制改革で大阪福島商業高校となる．83年履正社高校と改称．

創立と同時に創部し，97年夏に甲子園初出場．2008年選抜で初勝利をあげると，以後は大阪桐蔭高校とともに全国的な強豪校として活躍，14年選抜で準優勝，17年選抜では決勝で大阪桐蔭高校との大阪対決に敗れ準優勝となった．19年夏には全国制覇した．

⚾大阪府大会結果（平成以降）

		優勝校	スコア	準優勝校	ベスト4		甲子園成績
1989年		上宮高	6－3	近大付高	浪速高	渋谷高	ベスト8
1990年		渋谷高	6－4	上宮高	柏原高	北陽高	初戦敗退
1991年		大阪桐蔭高	8－4	近大付高	渋谷高	金光第一高	優勝
1992年		近大付高	6－4	春日丘高	大阪桐蔭高	泉州高	2回戦
1993年		近大付高	6－3	PL学園高	上宮高	市岡高	2回戦
1994年		北陽高	5－3	近大付高	枚方津田高	上宮高	3回戦
1995年		PL学園高	8－4	市岡高	阪南大高	関西創価高	ベスト8
1996年		PL学園高	9－5	上宮高	大阪桐蔭高	大院高	3回戦
1997年		履正社高	2－1	関大一高	大阪桐蔭高	関西創価高	初戦敗退
1998年	北	関大一高	4－0	桜塚高	桜宮高	高槻北高	ベスト8
	南	PL学園高	2－1	上宮高	佐野高	浪速高	ベスト8
1999年		北陽高	7－2	上宮太子高	PL学園高	上宮高	初戦敗退
2000年		PL学園高	5－1	履正社高	北陽高	大院大高	3回戦
2001年		上宮太子高	6－5	大阪桐蔭高	履正社高	桜宮高	初戦敗退
2002年		大阪桐蔭高	5－1	初芝高	上宮太子高	大阪商大堺高	初戦敗退
2003年		PL学園高	5－4	大阪商大堺高	北陽高	近大付高	2回戦
2004年		PL学園高	13－7	大阪桐蔭高	大阪商大堺高	北陽高	初戦敗退
2005年		大阪桐蔭高	15－3	大阪商大堺高	履正社高	大体大浪商高	ベスト4
2006年		大阪桐蔭高	4－3	金光大阪高	東大阪大柏原高	近大付高	2回戦
2007年		金光大阪高	4－3	大阪桐蔭高	浪速高	北陽高	初戦敗退
2008年	北	大阪桐蔭高	2－0	履正社高	箕面東高	東海大仰星高	優勝
	南	近大付高	8－7	PL学園高	清教学園高	羽曳野高	初戦敗退
2009年		PL学園高	10－0	関大北陽高	履正社高	大商大堺高	3回戦
2010年		履正社高	3－0	大体大浪商高	近大付高	金光大阪高	3回戦
2011年		東大阪大柏原高	7－6	大阪桐蔭高	東海大仰星高	履正社高	2回戦
2012年		大阪桐蔭高	10－8	履正社高	近大付高	大体大浪商	優勝
2013年		大阪桐蔭高	5－1	履正社高	関西創価高	東大阪大柏原高	3回戦
2014年		大阪桐蔭高	9－1	PL学園高	履正社高	関大北陽高	優勝
2015年		大阪偕星学園高	4－3	大体大浪商高	大冠高	大阪産大付高	2回戦
2016年		履正社高	12－0	金光大阪高	桜宮高	関西創価高	3回戦
2017年		大阪桐蔭高	10－8	大冠高	履正社高	上宮高	3回戦
2018年	北	大阪桐蔭高	23－2	大阪学院大高	履正社高	東海大仰星高	優勝
	南	近大付高	2－0	大商大堺高	大体大浪商高	上宮太子高	初戦敗退
2019年		履正社高	7－2	金光大阪高	近大付高	東海大仰星高	優勝
2020年		履正社高・関大北陽高			大阪桐蔭高	大阪学院大高	(中止)

注1) 2004年の決勝は延長15回4－4で引き分け再試合
注2) 2020年の決勝は中止

やきもの

吉向焼（茶碗）

地域の歴史的な背景

古代におけるやきものの主流を占めた須恵器は、畿内で始められた、とされる。

大阪府南部の河内・和泉にまたがる丘陵地帯の陶邑村古窯址群で、日本最初の須恵器生産が5世紀中頃から始められた、ことが明らかになっている。ロクロ（轆轤）成形で形づくられ、本格的な穴窯で焼かれた「陶器」がこの地で始められたことは、日本の陶磁史の上でも画期的なことであった、といえよう。

それは、当時から大和朝廷の勢力がこの地に及び、その支配と保護の下でやきものづくりが発展していったとみることができる。そして、この技術が朝鮮陶工によって伝えられ、この地に定着したことは、西に向かって海路を広げる大阪南部の地理的条件と共に、この地が奈良盆地を背後に持つ大陸文化受容の前進地域であったことを示している。

5世紀中頃からほぼ1世紀の間、須恵器生産がこの地方で大規模に行なわれ、やがて律令制を基盤とする全国的な支配機構の整備と共に各地にその技術が伝えられていったのである。

主なやきもの

吉向焼

愛媛の大洲出身の治兵衛（通称亀次）が関わったやきものの総称である。治兵衛は京都でやきものの技術を習得し、文化元（1804）年に大坂の十三（現・大阪市淀川区）に窯を開いた。初めは亀甲焼と称したが、文政10（1827）年に治兵衛が将軍徳川家斉に亀の食籠などを献上し、「吉

向」の窯号を拝領して吉向焼と称するようになった。

　その後、治兵衛は名声を高め、各国の藩主から当代の名工として招かれ、御庭焼の製陶に携わった。例えば、出身地の大洲藩の他に、周防岩国藩・大和小湊藩の江戸向島屋敷・信濃須坂藩・美作津山藩の江戸別邸などである。江戸吉向は明治期に廃絶したが、大坂吉向は治兵衛の跡を亀治が継ぎ、その後5代のときに十三軒窯と松月軒窯に分かれ今日に至る。

　吉向焼は、楽焼や交趾風の軟質陶器や染付の軟質磁器など茶陶を中心に多くの種類がある。その技術と作風は継承されているが、地元の粘土や釉薬を使った十三軒窯の孔舎衛青磁や松月軒窯の三彩など、新たな試みもみられる。

湊焼

　堺市西湊町・東湊町（旧湊村）で焼かれた陶器の総称である。本湊焼ともいう。江戸時代には伊織焼とも呼ばれた。

　江戸中期、京都から来た上田吉右衛門（吉左衛門）と弥兵衛（吉兵衛）の二人の陶工によって焼かれた、と伝わるが、詳細は不明である。

　製品は、楽焼や交趾風、雲華焼（土器の一種）を中心とした軟質陶器で、茶陶と日常雑器がある。

難波焼

　大阪市南区高津（旧難波村）で焼かれた陶器で、高津焼ともいう。

　承応年間（1652～55年）頃に開窯し、後に付近の今宮などに移窯した。伝世品には、初期京焼風の瀟洒で薄手の食器類や、楽焼の茶器・花生・香炉などがある。また、高麗茶碗写しや仁清写しなどの茶器もみられる。

古曾部焼

　高槻市古曾部町で焼かれた陶器。寛政年間（1789～1801年）頃に初代五十嵐新平が開窯した、と伝わる。

　3代新平の作品には、備前写し・唐津写し・三島写し・安南写しなど

Ⅲ　営みの文化編　　161

の茶陶と共に、海老や蟹の絵付のある皿や白化粧を施した陶胎染付（磁器風）の日常食器もある。また、3代の頃から陶胎の辰砂などの開発も始まり、9室の連房式登り窯も築かれた、といわれる。こうした試みは、4代新平の頃に安定し、くらわんか茶碗などの日常食器が多くつくられている。だが、明治43（1910）年頃に廃窯となった。

Topics ● 安宅コレクション

　昭和57（1982）年に開館した大阪市立東洋陶磁美術館には、高麗・朝鮮時代の朝鮮陶磁や中国陶磁を中心に、国宝2件、国の重要文化財13件を含む約4000点が収蔵されている。これらは安宅コレクションを中心に、他のコレクションからの寄贈品なども含む。

　安宅コレクションとは、安宅産業（大手総合商社）とその創業家2代目の安宅英一郎会長が収集したものである。英一は、社業の傍ら、東洋陶磁のコレクションに心血を注いだ。昭和52（1977）年、経営危機から安宅産業は伊藤忠商事に吸収合併されたが、合併に先立って、このコレクションの受け皿となる会社を設立。約1000点の東洋陶磁コレクションをそこで引き継ぐことになったのである。

　その後、東洋陶磁美術館に寄贈された安宅コレクションは965点。中国陶磁が144点、朝鮮陶磁が793点、その他28点（ベトナム陶磁・日本陶磁・中国工芸・朝鮮工芸など）である。中でも朝鮮陶磁は数も多く作風も多様で、今日成し得るコレクションとしては、歴史的変遷・陶芸技法をたどる上でもほぼ完璧の質量といえよう。一見の価値が大いにある。

IV

風景の文化編

地名由来

「大阪」はなぜ「大阪府」か?

　47都道府県の内、「都」は「東京都」ただ1つ。そして「府」は「京都府」と「大阪府」のみである。京都は長く都が置かれていたので、「府」になるのはよくわかるのだが、なぜ大阪が「府」になるのか?

　その背景は慶応4年・明治元年(1868)にさかのぼる。同年4～10月にかけて、政府は全国に以下の10の「府」を置いた。

　　京都府・大坂府・江戸府・箱舘府・長崎府・
　　神奈川府・度会府・奈良府・越後府・甲斐府

「度会府」は伊勢に置かれた。これらはいずれも徳川幕府の直轄地であり、それぞれ政治・経済・港など重要な拠点を押さえようとしたものである。ここに、大坂府は京都府に次いで2番目にランキングされている。宮武外骨は『府藩縣制史』の中でこう述べている。

「府とはアツマルの義、笑府、楽府、怨府等の府もアツマルの義である、役人が集って政治をする所を政府と云ひ、昔は国々の政府を国府と云った、甲斐の甲府は甲斐国府、長門の長府は長門国府の略である、別府と云ふ地名は豊後、肥前、土佐等にあるが、別の国府といふ義であろう

　かかる前例はあったが、地方政庁を府と称することは明治政府の初期(慶応4年明治元年)に起こったのである」

　ところが、明治政府は先に挙げた10の府のうち、大部分を「県」に移行し、東京・京都・大坂のみを「府」として残した。宮武はこう説明する。

「東京は江戸幕府後の維新政府所在地、京都は平安朝以来の旧都、大坂は難波朝以来最も発達した商業都市、これを価値づける為めに小都府を県名に改めたのであろう」

　大阪は奈良・京都に政治の中心地ができる以前に、大和国の玄関先だったところで、いわば難波京を扇の要として奈良や平安京は栄えたのだった。奈良時代・平安時代の前に明らかに「大阪時代」があったのだが、教科書

には「古墳時代」と記されている。

　もともと「大阪」は「小坂」と呼ばれていた。大阪で台地状になっているのは、今の大阪城から天王寺に至る「上町台地」だけで、その周辺はほとんど低地であった。「谷町」から「上町」にかけて「小さな坂」があったことに由来するが、「小坂」よりも「大坂」のほうがよいということになって「大坂」となる。江戸時代の後期になって「坂」は「土に返る」つまり「死」を意味するので、「大阪」と書かれることが多くなった。「大阪」が正式に使用されるようになったのは、明治時代に入ってからである。

とっておきの地名

①梅田　大阪・神戸間の鉄道が開通したのは明治7年（1874）のことである。明治政府がつくった国営鉄道だから駅名は当然のことながら「大阪駅」であったが、大阪の人々は「梅田ステンショ」と呼んだと記録に書かれている。鉄道は火を噴くので危険だということで、当時は繁華街から外れたところに駅を置くことが多かった。今の大阪駅一帯は「田んぼを埋めた」ところから「埋田」だったのだが、それを好字に変えて「梅田」と呼んでいた。その後、大阪駅の周辺に私鉄・地下鉄が入り込んで大阪のターミナルが形成されたが、JR以外はいずれも「梅田駅」となっている。

②喜連瓜破　地下鉄谷町線に「喜連瓜破」というユニークな駅がある。この駅ができたのは昭和55年（1980）のことだが、当初「喜連駅」にしようとしたら、隣合せの「瓜破」から反対運動が起こった。結局、「喜連」と「瓜破」の2つの町名をつなげた天下に誇る駅名が出現した。大阪人の地名愛着の結晶である。

　「喜連」という地名は古代の「伎人」が転訛したものとみられる。5世紀の初め頃、中国から集団移住した人々のことである。土木・工芸に秀でていたという。一方の「瓜破」も古い歴史を誇っている。大化年間（645〜650）のこと、道昭という僧が三密教法という修行をしていたところ、ぴかりと光って仏像が落ちてきたという。道昭は有り難く受け取ったが、供え物がないので、手元にあった瓜を供えたのだが、その瓜はぱっと割れてしまったという。瓜破天神社がその瓜が割れた場所だという。

Ⅳ　風景の文化編　　**165**

③日下（くさか）　たぶん大阪ではこの「日下」という地名が最も重要な地名であると言ってよいだろう。時は『古事記』『日本書紀』の時代にまでさかのぼる。伝承によれば、神武天皇が東征して、大和に入ろうとした時、この地を支配していたナガスネヒコが草香を越えようとした神武天皇を打ち負かしたということになっている。

　東大阪市の東端に位置するこの日下は、西から見るとまさに太陽が昇る真下であり、「草香山」は「日下」とも書かれるようになって、そのような経緯から「日下」は「くさか」と読まれることになった。

　河内国のこの一帯は、神武天王が来る以前にニギハヤヒの神が支配していた地域で、いわば大和政権以前の重要拠点であった。この「日下」はまた「ヒノシタ」「ヒノモト」とも言われ、そこから「日本」という国名が誕生したとも言われる。

④堺（さかい）　「堺市」は大阪府では大阪市に次ぐ第2の大都市である。「大阪都」構想で話題になった拠点都市でもある。「堺」という地名はすでに平安時代にみられる古い地名である。その由来は単純で、摂津国・河内国・和泉国の「堺」だったところにあったとされる。

　「堺」という漢字を分解してみよう。土偏はもちろん「土地」を意味している。「介」は「人」の下に「ハ」が付くが、この「ハ」は「左右に分かれる」ことを意味している。つまり、「介」は「人が左右に分かれる」ことを意味している。さらに「堺」という文字には「介」の上に「田」がついている。したがって、これは人が住む土地の分岐点、つまり「堺」なのだということになる。近くには「三国ヶ丘」という駅もあり、「方違（ほうちがい）神社」という方角を占う神社もある。

⑤高槻（たかつき）　「高槻市」は大阪府の東端で、京都府との境に位置している。全国に「槻」「月」地名は多く分布しているが、もとは「槻」で、「月」はその転訛したものである。「槻」は「ケヤキ」の古称で、ここは「槻の木」が自生していたところだと推測される。「槻の木」は神聖な木とされ、古来弓矢の材料として使われてきた。高槻市の「市の木」も「ケヤキ」である。

⑥**放出**（はなてん）　一昔前まで、この「放出」は全国的にも知られた難読地名だった。だが、今はかなり知られるようになっている。放出の由来については、「天の叢雲の剣」を盗んだ僧がここに漂着して剣を放り出したという説や、昔、ここにあった牧に牛馬を放し飼いにしていたという説やらあるが、いずれも俗説の域を出ない。

　この「放出」は沼沢地から水を「放ち出す」ところから出た地名である。ここには幾つもの河川が流入する低地で、そこに集まった水を放ち出さないと危険なため、その出口としてこの「放出」の地点が重要視されたのであった。問題は「出」をなぜ「てん」と読むようになったかである。「出」は「で」と読み、「日の出」というように、ある「地点」を意味している。「放出」の場合、「水を放ち出す地点」といったレベルで考えると納得できるであろう。

⑦**針中野**（はりなかの）　近鉄南大阪線に「針中野」という駅がある。また同名の町名もある。駅から数分のところに今も中野鍼灸院があり、営業している。江戸時代から営業しており、この地に電車が通ることになったとき、この地一帯の土地を寄付して電車の開通に貢献したところから、感謝の気持ちから「針中野」という駅名がつけられたのだという。大阪らしい人情味のある命名である。

⑧**枚方**（ひらかた）　『大阪府全志』に「南遊紀行にいへるが如く、一枚二枚を一ひら二ひらと訓ぜるに同じ。いづれの頃よりか枚方に作るが、後に枚方の改めしといふ」とある。確かに辞典を見ると、「一ひら」は「一片」もしくは「一枚」と書かれている。

　そうすると、問題は「方」のほうになってくる。『古事記』では「白肩」という地名が出ており、それが「枚方」に比定されるとの説もあるが、この地域は「津」とはいえず、この「方」は「干潟」のことであったと思われる。干潟が「一枚」（ひとひら）「二枚」（ふたひら）あったと考えるのが妥当である。

⑨**福島**（ふくしま）　「福島」は大阪でも重要な地名の1つだ。この福島には菅原道真（845〜903）にちなんだ伝承が残されている。菅原道真は右大臣にまで上り詰めた平安前期の公卿・文人であったが、藤原氏の讒言に

より大宰府に流されることになった。道真は途中、河内道明寺に叔母を訪ね、その後、浪華の地から瀬戸内海を通って大宰府に行こうとしたとのこと。失意の道真を人々は歓待し、次の歌を詠んだという。

　　　行く水の中の小島の梅咲かば

　　　　　さぞ川浪も香に匂ふらむ

　お世話になった道真がこの地の名前を訊いたところ、「餓鬼島」ということを知り、それではあまりにも…ということで「福島」という名前にしたという。

⑩**百舌鳥**　「百舌鳥」といえば、地下鉄やJR阪和線、南海高野線の駅名としてもよく知られている。この地名の由来としては、仁徳天皇の故事にちなむというのが通説になっている。ここにある大山陵古墳は、かつては仁徳天皇陵と呼ばれており、天皇はしばしばこの地で鷹狩を楽しんだという。『日本書紀』によれば、天皇はこの地に自らの陵を定めて工事が始まった。その日一頭の鹿が工事をしている人々の中に飛び込んでいったが、たちまちその鹿は死んでしまったという。人々は怪しんでその鹿の傷を確かめようとしたところ、百舌鳥が耳から出て飛び去って行ったという。そこからこの地を「百舌鳥耳原」と呼ぶようになった。

難読地名の由来

a.「**十三**」（大阪市淀川区）**b.**「**立売堀**」（大阪市西区）**c.**「**鴫野**」（大阪市城東区）**d.**「**柴島**」（大阪市東淀川区）**e.**「**杭全**」（大阪市東住吉区）**f.**「**私市**」（交野市）**g.**「**水無瀬**」（三島郡島本町）**h.**「**布忍**」（松原市）**i.**「**伽羅橋**」（高石市）**j.**「**四条畷**」（四条畷市）

【正解】
a.「じゅうそう」（淀川に架けられた13番目の渡しに由来する）**b.**「いたちほり」（伊達藩がつくった堀に、後に木材の立て売りが行われたことによる）**c.**「しぎの」（鴫がいたことによる）**d.**「くにじま」（垣根を意味する「杭根島」から）**e.**「くまた」（杭を打って区別したことによるか）**f.**「きさいち」（「后の地」に由来する）**g.**「みなせ」（水が引いた川瀬から）**h.**「ぬのせ」（神様を布を敷いて迎えたことによる）**i.**「きゃらばし」（伽

168

羅という香木を売った橋に由来する）**j.**「しじょうなわて」（四条畷神社
による）

Ⅳ　風景の文化編　　169

商店街

天神橋筋商店街（大阪市）

大阪府の商店街の概観

　経済の地盤沈下からの回復が進まない大阪であるが、「天下の台所」とうたわれた江戸時代以来長く日本の商都として君臨してきた。明治後期には紡績、金属機械などを中心に工業化が進み、商業も活性化した。市内各地には様々な商業集積地が出現した一方、公設市場の開設も進んだ。大正期に入ると私鉄沿線を中心に郊外住宅地の建設が相次ぎ、駅前などに商店が立ち並ぶようになり、戦後の郊外における人口増加により商店街へと成長していった。1960年代に建設された日本最初のニュータウンと言われる千里ニュータウンでは、住区計画に従って店舗などが配置され、千里中央には大規模商業施設を主体にしたセンターが開設され、周辺の商店街に影響を及ぼした。その後、同様のセンターは全国的に建設されるようになっていった。ターミナルデパートやスーパーマーケット、回転すし発祥の地で、早くから地下街が発達し、最近は海外観光客の増加が目立つ大阪の商店街の様相を見ていこう。

　明治前期頃までの大阪の街は、大阪城の西側の船場と呼ばれる地区を中心に東西約3km、南北約2kmの範囲で、大半が江戸時代の町人町に由来する。新町廓から芝居小屋の並ぶ道頓堀に至る順慶町から心斎橋筋、市中から淀川北岸に至る街道沿いの天神橋筋などには商店が並び、商店街の原形ができていた。大阪の中心商業地は旧市街地をはさんで南北2カ所に位置し、それぞれ「キタ」「ミナミ」と呼ばれる。形成はミナミのほうが古く、キタは郊外の開発が進んでから成長してきたが、現在はキタがミナミを凌駕している。また、アーケード商店街が主体で庶民的なミナミに対して、地下街が縦横に発達し垢抜けたキタと、商店街の形態や雰囲気も異なる。戦前から住宅地化が進んだ周辺地区では近隣住民を対象とする商店街が発達し、現在も活気ある商店街が見られる。「九条商店街」「千林商店街」「駒

【注】この項目の内容は出典刊行時（2019年）のものです

川商店街」「粉浜商店街」などであり、アーケードのある狭い道路をはさんで商店が並ぶ姿は共通している。コリアンタウンとしても知られる「鶴橋商店街」もその1つで、戦後の闇市を経て大きくなった。

　堺市では、旧市街中心の大道（紀州街道）に平行する「山之口商店街」が堺を代表する商店街であったが、賑わいは堺東駅前に移っている。堺以外では城下町高槻、岸和田のほか、池田、枚方、八尾、貝塚などが地域の商業中心地として存在し、街道筋や寺院周辺に商店が並んでいたが、その後、商店街は駅方面に伸びていった。それ以外の衛星都市でも駅前商店街が多数形成された。そのうち、1970年前後にスーパーマーケットが立地したところは吸引力が高まったが、その後は駅から離れた幹線道路沿いや住宅団地などに大型店が立地するようになった。近年はショッピングセンターや量販店のロードサイド立地が増加しており、苦境に立つ商店街は多い。

　大阪でも大型ショッピングセンターの開設が相次ぎ、商業地図が塗り替えられつつある。工場跡地の転用だけでなく、大阪港や梅田貨物駅の再開発、阿倍野再開発はその代表であり、関西国際空港対岸の「りんくうタウン」は広く和歌山県からも顧客を吸引している。ごく最近の動きとして、外国人観光客の増加も無視できない。量販店などにおける爆買いや盛り場の賑わいが注目されるが、商店街に足を向けさせる工夫、仕掛けを考えることも課題である。

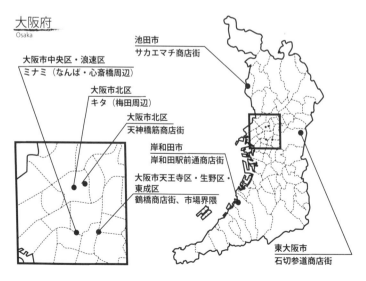

IV　風景の文化編

| 行ってみたい商店街 |

キタ（梅田周辺）（大阪市北区）
—阪急三番街などが集まる日本有数の地下商店街—

　大阪市は全国でも指折りの地下街が発達した都市で、特にJR大阪駅を中心としたキタ（梅田周辺）には阪急三番街、ホワイティうめだ、ディアモール大阪、ドージマ地下センターなどの巨大地下街（地下商店街）が網の目のように張り巡らされており、地元の人でも道に迷うほどである。また、阪急、阪神、大丸の3つの百貨店が集中した百貨店激戦区でもある。一方、地上商店街は数少ない。

　特に、キタの地下商店街として有名なのが阪急梅田駅に隣接する阪急三番街（1969年開業）である。構造的には、阪急電車の高架下に地上2階、地下2階で建設されたもので、4層に分かれ、厳密には地下街とは言えない。地上2階には阪急梅田駅、地上1階には高速バスターミナルがある。また、ターミナルホテルの老舗「新阪急ホテル」（1964年開業）や高級ブランドショップが集まる阪急17番街のある「阪急ターミナルビル」、居酒屋が集まる「阪急かっぱ横丁」や古書店が集まる「阪急古書のまち」も設けられて、複合型の大型ショッピングモールの様相を呈している。開業当初には映画館や水族館などがあったが、現在ではいずれも閉館している。

　JR大阪駅の北側に位置する阪急三番街のほか、南側には東京オリンピック前年の1963年に「ウメダ地下センター」として開業した現在の「ホワイティうめだ」や1966年開業の「ドージマ地下センター」、1995年開業の「ディアモール大阪」があり、これらの地下商店街は阪急、阪神、地下鉄、JRの各駅を結ぶ歩行者専用地下道と大規模地下街がつながる形で拡大・発展していった。大阪ではもともと、地上部分のモータリゼーションの発達に伴う道路渋滞緩和と歩行者の安全対策を目的として、キタとミナミのターミナルを中心とした地下街構想が打ち出された。そのため、東京の新宿・渋谷・池袋と比べると、梅田周辺では地上よりも地下に人が多く、混雑している状況が見られる。

　しかし、2013年4月にJR大阪駅北側の甲子園球場6個分の広さがある貨物駅跡地の再開発地区に「うめきた」が完成した。このなかに商業施設、オフィス、ホテル、マンションが入った複合ビル群の「グランフロント大阪」が開業したことによって、梅田周辺の人の流れも少しずつ変わってき

た。ここは大阪最後の一等地と呼ばれ、地域活性化の起爆剤になると期待されている。266店舗（2014年）を揃えた商業施設内には、これまでの大阪にはなかった「大阪初、関西初、全国初」の新しい飲食店や衣料品店を積極的に誘致して、キタの地下商店街や百貨店との争いを激化させている。

ミナミ（なんば・心斎橋周辺）（大阪市中央区・浪速区）
―江戸時代からの老舗が集まる大阪を代表する商店街―

　キタに対して、なんば・心斎橋に代表されるミナミには、今でも大阪らしいモダンで大衆的な商店街がまだ残っている。大阪を代表する商店街として挙げられる心斎橋筋商店街は、東京の銀座と対比されるが、実際に歩くと、かなり様子が異なることに気づく。心斎橋の北西部の御堂筋沿いには高級ブランド店が軒を連ねていて、銀座に似ている。心斎橋筋商店街は南北約600mのなかにおよそ180店舗がある。アーケード内には呉服や婦人服、靴、雑貨などの老舗専門店、米国人建築家・ヴォーリズの設計で有名な大丸心斎橋店（1933年開業）から百円ショップ、パチンコ店までありとあらゆる種類の店が看板を掲げて並んでいる。休日だけではなく、平日の昼間でも身動きができないほど混雑している。かつては、銀座をショッピングする「銀ブラ」と並んで、心斎橋は「心ブラ」と呼ばれていた。今、心斎橋筋商店街を歩いてみても、ゆっくりとショッピングをするという感じはあまりない。地下鉄心斎橋駅がある長堀通りを起点に、心斎橋筋商店街から戎橋筋商店街を抜けて高島屋大阪店（1932年開業）がある南海難波駅まで人込みをかき分けながら歩くと、およそ30分近くかかる。

　南海、近鉄、地下鉄難波駅が集中するなんばターミナル地区には、戎橋筋商店街以外にも、御堂筋の西側には若者向けのブティックやカジュアル衣料品店、飲食店が集まったアメリカ村が、東側には大阪で大衆的な歓楽街・千日前や、東の秋葉原と並ぶ西の電器店街として有名な日本橋（でんでんタウン）も徒歩で10分圏内に位置している。また1970年には、ミナミを代表する地下街「虹のまち」（現・なんばウォーク）も開業し、その後、南海難波駅と直結したショッピングモール「なんばシティ」（1978年開業）や旧大阪球場跡にできた複合商業施設「なんばパークス」（2003年開業）など、次々とオープンした。キタの梅田周辺とは違って商店街を中心にブラっと歩いていける大阪らしい賑わいをもった商業地区として、インバウンドの外国人観光客にも大変人気がある。

Ⅳ　風景の文化編　　　**173**

天神橋筋商店街（大阪市北区）

―日本―長～いアーケード商店街―

　JR大阪駅から環状線外回りでおよそ3分足らずで天満駅に到着する。デパートや高層ビルが立ち並ぶ大阪駅周辺とは街の風景も大きく異なる。「ごちゃごちゃした」という表現がぴったりのこの街に、南北に大きく伸びる天神橋筋商店街がある。北は、阪急、地下鉄が相互乗入れしている天神橋筋六丁目駅（通称：天六）からアーケードが始まり、JR天満駅、地下鉄扇町駅、南森町駅、さらには大阪天満宮の門前町界隈までの全長約2.5kmの間におよそ600店舗が並ぶ直線としては日本一長いアーケード商店街である。端から端までゆっくりと歩くと小一時間かかる。

　江戸時代以降、青果市場ができ、明治、大正、昭和と大阪の代表的な「庶民の台所」としての役割を果たしてきた。1926年には現在の天六駅のところに新京阪鉄道のターミナル（現・阪急電鉄）の天神橋駅が開設され、高架ホームを建物内に抱えたターミナルビルの先駆けとして有名であった。2010年に解体されるまで「天六阪急ビル」として親しまれ、わずかに昔の面影をとどめていた。現在では高層マンションに生まれ変わってしまった。

　商店街のなかは、あらゆる業種の店が入っていて面白い。衣料品店、呉服店、古本屋、居酒屋、百円ショップ、整骨院、パチンコ店、すし屋、イタリア料理店、刃物専門店等々、見ていて飽きない。また、商店街のなかには大型スーパーマーケットは1店舗もなく、空き店舗があればすぐに新しい店が入るため回転も早く、連日、買い物客で賑わっている。近くには、新鮮な食材が揃う天満市場や居酒屋やバー、定食屋が集まる「裏天満」と呼ばれるディープなスポットもあり、迷路のような細い路地を歩くだけでも街探検をしているようで面白い。また、天神橋筋の道路をはさんで西側は中崎町商店街（天五中崎通）に隣接しており、ここは、近年、古い民家を改造したギャラリーやエスニック料理店、カフェ、アクセサリーショップ、古着屋、化粧雑貨店が立ち並んでいる。梅田から徒歩圏内にありながら戦禍を逃れた長屋が多く残り、その空き家を活かした昭和レトロな街が人気を呼び、若い人を中心に観光客も訪れている。

　天神橋筋商店街は、日本初の商店街が運営するカルチャーセンターを開設したり、大阪天満宮の門前町を強調する鳥居型アーケードを設置したりして、ユニークな新しい試みを商店街に取り入れながらお客さんに飽きら

れない工夫を行ってきた。大阪らしい、古さと新しさが同居した「ごちゃまぜ商店街」の先駆者として、「キタ」や「ミナミ」の商業地区とは一味違う面白さを持っている。

鶴橋商店街、市場界隈（大阪市天王寺区・生野区・東成区）
―日本最大のコリアンタウン商店街―

　JR大阪駅から環状線外回りで7駅目、約15分足らずで鶴橋駅に到着する。夕方、ホームに降り立つと焼肉の強烈な匂いが立ち込める。駅名を見なくても匂いでわかる全国的にも珍しい駅である。鶴橋駅のホームに降りた瞬間に、日本にいることを忘れてしまう。JR鶴橋駅と近鉄鶴橋駅のガード下と、その周辺には巨大な迷路が形成されている。ほとんどの店がキムチや韓国食材を扱う店、色鮮やかな民族衣装チマ・チョゴリの店、ごま油の香りが漂うチヂミの店、ホルモンと呼ばれるあらゆる部位が並ぶ肉屋など、コリアン文化がみなぎっている。鶴橋駅の東側には鶴橋商店街をはじめ、鶴橋市場、鶴橋鮮魚卸売市場、鶴橋卸売市場、高麗市場、東小橋商店街などが複雑に入り組んでいる。また、鶴橋駅の西側には、焼肉・ホルモンの店が集中している鶴橋西商店街がある。JR鶴橋駅と近鉄鶴橋駅を中心に広がる地域全体で約800以上の店舗、甲子園球場約2個分の面積がある。

　終戦後の闇市から発展した鶴橋商店街一帯は、大阪一ディープな商店街と言われ、キムチや朝鮮人参を売る店の隣に魚屋や肉屋、ブティックや宝石店があり、ソウルの下町の商店街のなかに紛れ込んだようで混沌としている。

　東側の鶴橋商店街を抜けて南東方向へ10分ほど歩くと、コリアタウンと書かれたアーチ（百済門）が見えてくる。かつては猪飼野と呼ばれた場所で、東西450mの間に、約120の店舗が軒を連ねる御幸通商店街がある。このあたりは在日韓国・朝鮮人が多数居住している地域で、国際色豊かな独特の雰囲気を持った商店街として、近隣の買い物客だけでなく、大阪を訪れる観光客など年間100万人以上の人がやって来る。この商店街のなかには、キムチ専門店17店舗、豚肉専門店5店舗をはじめ、焼肉屋や韓国料理店、韓国物産専門店などが集まっている。

　近年は単なる買い物や食事を目的とした商店街の顔だけでなく、フィールドワークや社会見学、修学旅行の体験学習など多くの目的を持ったユニークな商店街としても全国的に注目を集めている。

Ⅳ　風景の文化編

サカエマチ商店街（池田市）

―阪急電車発祥の地に根づく老舗商店街―

　池田市は大阪府北西部に位置する人口約10万人の都市で、猪名川をはさんで対岸の兵庫県川西市とは双子都市的な性格を持っている。阪急宝塚線の池田駅と川西能勢口駅の両駅はわずかに2分足らずの場所で、川西能勢口駅から南へ徒歩5分のところにあるJR宝塚線（福知山線）の駅名は川西池田駅である。

　池田の地名は、室町時代に豪族・池田氏がこの地に住みついたことに由来すると言われている。地理的にも、大阪・宝塚・神戸の中間に位置し、能勢街道沿いの城下町・交易町として栄えた。阪急電鉄の創業者・小林一三が晩年を過ごした場所として、現在でも、登記上の本店所在地は池田市に置いている。小林一三の思いが詰まった池田の地には、小林一三記念館、逸翁美術館、池田文庫などの施設があり、全国から見学者が訪れている。池田市の中心商店街であるサカエマチ商店街は、阪急池田駅前の国道176号線をはさんで北側に伸びるアーケード商店街である。商店街の歴史は古く、電鉄会社が日本で初めて開発を手がけた郊外型分譲住宅である池田室町住宅（1910年販売開始）の住民が日常生活で必要な品を購入する場所として、駅前に商店街が形成されていったのが始まりと言われている。そのため、商店街には明治時代創業の呉服店が今でも健在である。

　サカエマチ商店街は、駅前から1番街、2番街と約350mにわたって全蓋式のアーケードが伸びている。商店街内には八百屋、種苗店、紙・結納品店をはじめ、カフェや中華、寿司などあらゆる業種の店舗が入り混じっている。商店街を歩いていると、カラー舗装された幅広い道幅のためゆったりと買い物ができ、のんびりとした雰囲気が漂っている。2番街と交差する本町通りは、かつてはアーケードがあった商店街である。現在では取り払われたが、池田の歴史的な建造物が今でもいくつか残っている。現在、インテリアショップとなっている建物は、NHKの連続テレビ小説『あさが来た』のヒロインのモデルである広岡浅子が設立した旧加島銀行池田支店の建物である。レンガ造りの重厚な洋風建築は必見で、国登録有形文化財となっている。本町通りには、このほか、上方落語の資料を常設展示している市立として日本初の「落語みゅーじあむ」や、江戸時代に池田に建てられ、現在では愛知県犬山市の博物館「明治村」に移築された芝居小屋「呉服座」の一部を再現した大衆演劇場「池田呉服座」などが立ち並び、

池田の歴史・文化を感じることができる。

　サカエマチ商店街の周辺には、池田城址公園や五月山動物園、池田の銘酒「呉春」の酒蔵など観光スポットも多い。のんびりと商店街とその周辺を歩いて散策するには絶好の場所である。

石切参道商店街（東大阪市）
—昭和の雰囲気が残る、活気にあふれた信仰と占いの門前商店街—

　大阪市と生駒山脈の間に位置する東大阪市は、1967年に布施市、河内市、枚岡市の3市が合併してできた。現在は人口約50万人で、大阪市、堺市に次いで府下第3位の人口規模を有する中核市となっている。東大阪市と言えば、中小企業の町工場が多く、「ものづくりのまち」として有名であるが、もう1つはラグビーの聖地、花園ラグビー場があることから、「ラグビーのまち」としても宣伝している。この花園から自転車で行ける距離に石切参道商店街がある。最寄駅は近鉄奈良線石切駅であるが、ここはちょうど生駒山の西側斜面に位置している。ここから大阪市内方面を見下ろすと、天気の良い日には大阪平野が一望でき、まさに一見の価値がある。

　石切駅北出口から線路に沿って南へ少し歩くと、「ようこそ石切さんへ」と書かれた石切劒箭神社の鳥居が見えてくる。そこを右へ曲がると、神社までの参道に、飲食店・日用品から占いや土産物など様々な店が立ち並ぶ石切参道商店街が見えてくる。下り道のため、商店街から大阪平野を眺めることができ、ちょっとした旅気分も味わえる。この商店街の一番の特色は、とにかく活気があることである。商店街の至る所には「神話と夢と信仰の町　ようこそ石切さんへ—商店街おもてなし活動—」の看板やポスター、旗が置かれている。さらに、買い物客をおもてなしするコンシェルジュとしての役割がスタッフの顔写真とともに書かれていて、商店街が一体となってがんばっている様子がよくわかる。

　商店街は戦後の混乱期に有志の集まりからスタートして、1962年に石切参道商業連合会が発足した。店舗数もおよそ100店あり、食品、飲食店、土産物店とともに、刃物、衣料品、日用品とあらゆる種類の店がある。なかでも、「でんぼう（腫れ物）の神様」として霊験あらたかな石切神社の門前商店街ということもあって、占いの店や漢方薬専門店などが多いことも特徴的である。商店街の中ほどには、東大阪市が運営するアンテナショップ「まいど！東大阪」があり、東大阪の銘菓や町工場で作られた家庭雑貨やアイデア商品がたくさん置かれている。併設された無料休憩所には、疲

れた足をリフレッシュできる足湯やコミュニティルームまでつくられていて面白い。ゆっくりと歩いて、15分で石切神社に到着する。帰りは、近鉄けいはんな線新石切駅まで10分足らずと交通の便も良い商店街である。

岸和田駅前通商店街（岸和田市）

―だんじり祭りで有名な泉州を代表するアーケード商店街―

　大阪ミナミのターミナル駅なんばから南海電車で30分あまり、岸和田駅に到着する。岸和田市は人口約20万人、南大阪泉州地域を代表する都市である。江戸時代には岡部氏岸和田藩5万石の城下町として、明治時代以降は紡績業を中心に工業都市として発展してきた。現在も、岸和田駅の隣の蛸地蔵駅近くに、再建された3層の美しい岸和田城があり、南海電車の車窓からもよく見える。岸和田と言えばなんと言っても全国的には「だんじりの町」として知られ、全国から訪れる見物客は祭りの2日間で60万人を超える。

　岸和田駅前通商店街は、南海岸和田駅西口から海側へまっすぐに伸びたアーケード商店街で、入口にはだんじり祭りがテーマの切絵のステンド柄があり、商店街のシンボルとなっている。初代のアーケードは1963年に完成し、だんじりが商店街のなかを通れるように屋根を高くし、当時は日本一の高さを誇っていた。岸和田の商店街は、この岸和田駅前通商店街を中心に、紀州街道まで岸和田本通商店街が続く。周囲にはレトロな商店街「かじやまち」や「城見橋商店街」「寿栄広商店街」が枝分かれして広がっている。2011年放送のNHKの朝の連続ドラマ『カーネーション』の舞台となったのも岸和田の商店街界隈で、岸和田出身のデザイナー・コシノ三姉妹ゆかりの地「オハラ洋装店」や「コシノギャラリー」は今も岸和田駅前通商店街のなかにある。岸和田市が作成した「コシノファミリーゆかり地マップ」は、岸和田城や古い城下町の街並みとともにわかりやすい地図が描かれていて、街歩きには最適である。

　岸和田駅前通商店街のなかには、スーパーマーケットや大型店はほとんどなく、60店あまりの個人商店が中心となってがんばっている。少し路地に入るとレトロな建物が残っていて、懐かしい。紡績業で発展した歴史のある都市らしく、洋風建築の古い建物や銀行、教会、そして長屋なども昔のまま残っている。さらに紀州街道沿いや、岸和田本通商店街やかじやまちの間の寺町筋には寺社仏閣が数多く、見どころ満載である。商店街を抜けて海側に進んでいくと、10分足らずのところに、商店街とは対照的に、

「岸和田カンカンベイサイドモール」と名づけられた大型ショッピングセンターがある。古い歴史を誇る商店街がどう変革し大型店と対抗していけるか、今が、がんばりどころである。

> ### コラム
>
> **中学校地理フィールドワーク学習と商店街**
>
> 　中学校社会科地理の中で、身近な地域の調査という単元がある。学習指導要領でも地域の課題を見出し、将来像について考えることを重視している。中学生が地域の商店街を調べることは、地域社会の形成に参画する態度を養う上でも大切な視点である。地理学習の中で校外でのフィールドワークをどう授業時間内で行えるのか、生徒の安全や教師の負担も考慮に入れて実施しなければならないため、現実には実践している学校は限られている。しかし、中学校で少しでも地域学習を経験した生徒は、言語活動の充実だけではなく、思考力・判断力・表現力を育む絶好の機会を得ることができ、高校・大学での学習にも課題意識をもって意欲的・継続的に取り組む姿勢が養える。商店街調査を通してお店の人にインタビューをしたり、店舗数や業種別構成を比較しながら現地調査することも、教室の授業では味わえない大きな経験となる。さらに発展課題として、商店街活性化に向けてのアイデアや魅力あるまちづくりへの提案など、大人にはない中学生ならではのユニークな発想も期待できる。

大阪教育大学附属池田中学校での地理フィールドワーク
(1997)　〜池田市石橋商店街〜

Ⅳ　風景の文化編

花風景

中之島公園のバラ

地域の特色

　大阪湾に臨む大阪平野を中心に、階段状に台地、丘陵、山地を形成し、三方を低い山地で囲まれ、西には生駒山、金剛山など霊山が連なる。大阪平野は淀川や大和川の土砂が堆積した氾濫原である。古くから摂津、河内、和泉の国として発展し、難波津が大和(現奈良県)と九州・大陸を結ぶ交通の要衝となった。古墳時代の中心地となり、古代には難波京も置かれ、近世には大坂城も築かれ、以後、天下の台所の商都として栄え、近代には阪神工業地帯が形成された。瀬戸内海の暖温帯の気候を示す。

　花風景は、近世の大坂城跡・近代の造幣局・現代の万博記念公園のサクラ名所、古代からの神社仏閣の花、都市公園の花園と古代から現代までの歴史の積層が特徴的であるが、自然地域の花風景には乏しい。

　府花はバラ科サクラ属の落葉樹のウメ(梅)とサクラソウ科サクラソウ属の草花のサクラソウ(桜草)である。ウメは『古今和歌集』(905)の「難波津に　咲くやこの花　冬ごもり　今は春べと　咲くやこの花」という歌にちなんでいる。当時は花といえばウメであった。サクラソウは府の金剛山山麓にクリンソウという原生種が自生していることによる。

主な花風景

造幣局通り抜けのサクラ　＊春、日本さくら名所100選

　春といえば造幣局の「通り抜け」を思い起こす。造幣局構内、大川(旧淀川)沿いの約560メートルの通路を南から北に通り抜けながら観桜する名所。2018(平成30)年現在、130種余り350本ほどのサクラが、春のその日を心待ちにしている観桜客を楽しませている。多くある品種のうち90種ほどが八重、その他一重、一重八重の品種が見られる。現在は7日間ある4月中旬の通り抜け期間中に、毎年数十万、多い年には100万もの人々が訪

180　凡例　＊：観賞最適季節、国立・国定公園、国指定の史跡・名勝・天然記念物、日本遺産、世界遺産・ラムサール条約登録湿地、日本さくら名所100選などを示した

れる。

　近代国家の貨幣制度の確立を目指し、1871（明治4）年に造幣局が大阪の現在地に創設され、構内敷地にあるサクラを一般の見物に開放したのは83（同16）年で、以後、第2次世界大戦による4年間の中止を除き、現在まで毎年公開されている。通り抜けという通称は、造幣局の表門から入り構内の川沿いの通路を裏門まで一方通行で抜けたことによる。

　このサクラの起源は、造幣局が創設される以前にさかのぼる。江戸時代後期、淀川右岸にあった伊勢藤堂家の蔵屋敷では、対岸の桜宮がサクラの名所になっていたことから、みずからの屋敷内にも多品種のサトザクラを植え、花見を楽しみ、屋敷を一般に開放していたといわれる。通り抜けの原型はこの時期にあったといってよいだろう。藤堂家蔵屋敷の跡地が造幣局敷地の一部となり、サクラも造幣局に引き継がれた。その一部が現在の通り抜けの道沿いに移植されたといわれている。

　造幣局のサクラの品種は多様だが、現在は、戦後積極的に植栽され、濃紅色の花弁を20〜45個つける関山の本数が多い。淡紅色の普賢象、松月と続く。花弁が淡黄緑色や淡緑色の種類も目をひく。明治期には花弁が白色で一重の芝山が主流で、大正期から昭和初期までは淡紅紫色で一重八重の御車返が多く、ソメイヨシノも多かった。一重と八重の違い、花色の濃さの違いなど、時代によって通り抜けのサクラの風景は異なっていた。

　長い歴史を持つこの地のサクラも何度か存続の危機を迎える。大正年間の重工業の発展が煤煙による枯死を引き起こす。造幣局では、苗木を買い入れ補植し、1927（昭和2）年には12種455本に、31（同6）年には74種764本にまで増え、昭和・平成期を通じて最多の本数となる。その後、米軍の空襲によりサクラの約6割が消失してしまうが、戦後に補充を行い、47（同22）年には通り抜けを復活させる。55（同30）年以降、大阪の大気汚染が深刻となり、再びサクラの衰退が進む。造幣局では手入れ、補植を行うが、60（同35）年からの3年間で150本が枯死する。専門家を委嘱、専門職員を雇用し、サクラの接木育成を積極化し、危機を乗り切った。伝統の「通り抜け」を維持しようと支え続けてきた尽力を忘れてはならない。

大阪城公園のウメとサクラ　＊春・冬、特別史跡、日本さくら名所100選

　大阪城公園は1931（昭和6）年に開園し、現在総面積100ヘクタールを

超える。大阪城天守閣を中心に歴史、文化、音楽、スポーツにふれる場として活用されている。天守閣のある本丸から内堀を隔てて東側の二の丸東地区に梅林が、西側の西の丸公園はソメイヨシノが植えられ、梅花、桜花ごしに見える天守閣が大阪の花風景の一つとして定着している。

二の丸東地区には1974（昭和49）年に開園した梅林が整備されている。1.7ヘクタールの広さに、100品種以上、1,300本余りのウメが植えられ、早咲きのものから遅咲きのものまで品種の多さは特筆すべき点で、1月から3月まで長期間にわたりウメの開花を楽しめる。この梅林はもともとは、府内の高校の同窓会が創立百周年を記念してウメの木を寄贈したことに始まる。西の丸庭園は65（同40）年に開園しているが、ここには約300本のソメイヨシノが植えられており、大阪府のサクラの開花の標準木も含まれている。毎春の大阪府のサクラの開花はこのサクラの咲き具合を見て宣言される。公園東側の玉造口にはサトザクラが、その他、大阪城公園内には合わせて約3,000本のサクラが植えられ、その品種も多い。

大阪城天守は、1585（天正13）年に豊臣秀吉が設けた初代の天守が1615（慶長20）年の大坂夏の陣で焼失する。徳川幕府は、豊臣時代の城跡に土盛をし、新たな天守を築き、26（寛永3）年に完成するが、わずか39年後に落雷で焼失、その後天守がないまま明治維新を迎える。明治以降は陸軍の管轄となり城跡には軍用施設が設置され、市民や観光客が城内に入ることはできなかった。大阪市が1928（昭和3）年に天守閣の復興を提案、寄付金によって天守閣の復興事業が始まり、31（同6）年に完成する。天守閣復興と合わせて大阪城公園が本丸を中心に10ヘクタール弱の面積で開園し、城郭内の一部が市民や観光客にようやく開放される。大阪城公園の当初計画では城郭内の軍施設の移転を計画したが、大阪市が本丸に第4師団司令部庁舎を新築し陸軍に寄付することを条件に、ようやく本丸の公園整備が実現した。

梅林や西の丸公園のある大阪城公園の大半は特別史跡「大坂城跡」に指定されている。サクラやウメの花ごしに見る天守閣という風景は、軍事拠点であった時代には考えられなかった。平和な時代の風景の象徴といってよいだろう。

万博記念公園のサクラとハス　　*春・夏、日本さくら名所100選

　大阪府吹田市にある1970（昭和45）年の大阪万博（日本万国博覧会）会場跡地に整備された万博記念公園260ヘクタールの約半分が、自然文化園（98.5ヘクタール）と日本庭園（26ヘクタール）として、四季を通じて花が楽しめるエリアとなっている。

　春にはエリアでは約5,500本のサクラが見られる。3月の中頃からカンヒザクラやヒガンザクラが咲き始め、その後太陽の塔の東側の500本のソメイヨシノ並木が満開となり、シダレザクラ、オオシマザクラ、ヤマザクラが咲き、最後に、普賢象、鬱金などさまざまな品種のサトザクラが開花する。

　自然文化園は万国博覧会のパビリオンの跡地に整備された公園であるが、日本庭園は、万博での政府出展施設として、東西約1,300メートル、南北約200メートルの細長いゾーンに、上代、中世、近世、現代の造園様式を取り入れて整備された。日本庭園の花の代表としては東端につくられた0.6ヘクタールのはす池のハスである。花弁が白、爪紅、紅、桃、黄、黄紅色の26品種のハス、1,200株とスイレン約1,000株が池一面を覆う。7月の早朝には観蓮会とハスの葉に酒を注ぎ、長い茎の先から飲む象鼻杯の催しが行われる。エリア内には、数十万本規模の花畑が点在し、四季折々にさまざまな表情で来訪者を迎えてくれる。

東光院のハギ　　*秋

　「萩の寺」として知られる豊中市の東光院。境内には約3,000株のハギが群生する庭園があり、北大路魯山人が萩露園と命名した。初秋には紅紫色、白色の花が回遊路を覆い、壮観である。

　東光院は735（天平7）年、行基による創建と伝えられ、元は豊崎村中津（現大阪市北区）にあったが、1914（大正3）年に現在の地、豊中に移転した。豊崎辺りでは、古くは死者を淀川河畔に捨てる風習があり、行基が訪れた際、河原に風葬されている光景を見て火葬の方法を民衆に伝授した。行基は薬師如来像をつくり、仏前に群生するハギを供え死者の霊をなぐさめたと伝えられる。それを縁に人々が薬師堂を建立したのが寺の始まりといい、第2次世界大戦中にはイモ畑にしろと非難されながらも由緒あるハ

IV　風景の文化編　　183

ギの花を守り続けてきた。

　境内にはミヤギノハギを主に、ニシキノハギ、シロバナハギ、ヤマハギ、キハギ、マルバハギなど13種類が植えられ、初秋を彩る。11月末には刈り、切り株になってしまうが、翌4月から芽を出し、あっという間に人の背を越すほどになる。「ハギ」は、古い株から芽を出すことから「生芽」「生え木」と呼んだことが語源とされ、生命力の強さ、復活を意味する花として古くから人々が思いを寄せてきた。

　淀君もこのハギの花にひかれて毎年訪れ、筆の軸としてハギを手元におき、その筆で法華経を写経し、秀頼を授かったという。淀君ゆかりの萩の筆として現在もつくられている。また、1895（明治28）年にこの地に立ち寄った正岡子規が詠んだ「ほろほろと石にこぼれぬ萩の露」の句碑が立つ。東光院は俳人の集う句会がたびたび催される場所ともなっている。

中之島公園のバラ　＊春・秋

　淀川の支流である大川が大阪市中心部に入って堂島川と土佐堀川に北・南二流に分かれる。この両川に挟まれ東西に細長い中洲の島を中之島という。中之島を南北に貫く御堂筋より東側が中之島公園で延長約1.5キロ、10.6ヘクタールの規模である。西側には中央公会堂、府立中之島図書館などの重厚な建築物が、東側には芝生広場とバラ園が広がっている。大阪の都心のビルを背景にしたバラの風景は心をなごませる。

　バラ園は、大阪市が26区（当時）それぞれに1カ所、花の名所公園づくりを進め、その全区での完成を記念して1981（昭和56）年春にオープンさせたもの。東西500メートル、1.3ヘクタールの規模で、89種類、約4,000株があったとされるが、2009（平成21）年にリニューアルされ、現在は約310品種、およそ3,700株のバラが見られる。19世紀後半以降改良されてきたモダンローズが年代順に植えられており、品種の歴史をたどることができる。バラ園から中之島のシンボルである1918（大正7）年に建設された赤レンガの中央公会堂に向かってバラの小径が続く。水都大阪の顔である建築物とともにバラを楽しむことができる。

山田池公園のハナショウブ　＊春

　大阪北部、枚方市にある山田池を中心に整備された70ヘクタールを超え

る府営の公園。5月末から6月にかけ、園内の水生花園に花しょうぶ園が開園し、約140種、10,000株のハナショウブが訪れる人を感嘆させる。

山田池公園の中心となる山田池は灌漑用のため池として1200年前に築造された歴史を持つ。園内の春日山にあった神社は、豊作祈願の信仰の場でもあり、付近はクリ、ウメ、茶などの栽培も行われる里山の風景が広がっていた。1973（昭和48）年に府営公園としての整備が開始され、山田池を中心とし、水生花園がある北部地区は93（平成5）年に整備が終了し、南部地区の整備は近年まで行われていた。

多品種あるハナショウブは、江戸時代に育成された江戸系、伊勢系、肥後系の3系統に、山形県長井市で発見された長井古種の4系統に分類される。山田池公園には、江戸古花、江戸系の品種が多いが、伊勢古種、伊勢系、肥後系、長井古種、長井系も見られる。

林昌寺のツツジとサツキ　＊春

泉南市にある寺院でその名も躑躅山と号する。本堂は愛宕山の中腹に建てられ、山の斜面は4月から5月にかけ、ツツジ、そしてサツキの花につつまれる。

天平年間（729〜749年）に行基が開創したという。熊野街道の紀伊路に沿って位置し、平安後期、堀河天皇が熊野詣での途中に立ち寄り、ツツジが見事なことから躑躅山という山号としたという。寺のある愛宕山は躑躅岡と呼ばれ、1796（寛政8）年の和泉名所図会には「経十四五町に、緯三四町、満山、躑躅にして、花の盛には最壮観なり、近隣ここに聚りて、爛漫を賞ず」と、長さ約1,400〜1,500メートル、奥行き約300〜400メートルの広がりがツツジに覆われる様子が記され、また、そこここに敷物をしいてツツジの花見をしている人々が描かれ、小丘にツツジが広がる名所であった。現在は本堂横の愛宕山頂上に向かう斜面にある刈込みと石組みの庭が目をひく。この庭は1961（昭和36）年、造園家重森三玲の作である。手前のサツキの刈込みは、作庭時には苔で覆っていたがなかなか定着せず、後にサツキに代えられた。サツキの大刈込みは青海波模様に意匠され、荒波にもまれるがごとく石組みを配置し極楽浄土をイメージしている。

IV　風景の文化編　　185

公園 / 庭園

万博記念公園

地域の特色

　大阪府は、大阪湾に臨む中央部の大阪平野をとり巻いて階段状の台地、丘陵、山地を形成し、北は剣尾山、妙見山で京都府、兵庫県に接し、西は生駒山地、金剛山地で京都府、奈良県に接し、南は和泉山脈で和歌山県に接している。山地は二上山のみ火山性であるが、他は非火山性の主として褶曲や断層によって生じた構造山地である。大阪平野は淀川や大和川の土砂が堆積した氾濫原である。大阪湾は古くは難波潟、ちぬの海、和泉灘などと呼び、葦原や干潟が広がり、歌に愛でられた場所であった。古くは摂津、和泉、河内の国であり、歌川広重の浮世絵版画『六十余州名所図会』（1853～56）も摂津住吉の浜と和泉高師の浜を美しく描いていた。しかし、近代になって埋め立てが進み、阪神工業地帯に変貌した。

　古くから大和と九州・大陸を結ぶ交通の要衝であり、難波津として栄えてきた。古墳時代には古市古墳群、百舌鳥古墳群などが築造された。仁徳天皇は難波に宮を置いたとの伝承があり、大和時代以降何度か難波京に遷都されたと考えられている。安土桃山時代になると豊臣秀吉は大坂城を築き、江戸時代には江戸を結ぶ航路のほか、北海道を結ぶ西廻り航路も開かれ、天下の台所の商都として栄え、今もその伝統を継承している。

　1970（昭和45）年、大阪万国博覧会が大成功をおさめた。自然公園は周囲の山地が国定公園となり、都市公園・庭園は城郭や万博にちなむものが特徴的である。

主な公園・庭園

自 金剛生駒紀泉国定公園 生駒山・葛城山・金剛山

　大阪府と奈良県の境に南北に連なる山である。大阪府には大都市の背後の山となり、奈良県には盆地をとり巻く大和青垣となっている。古くから

凡例　自 自然公園、都 都市公園・国民公園、庭 庭園

山岳信仰の地として多くの神社仏閣を抱え、また、歌に詠む歌枕として、さらに、奈良と大阪を結ぶ峠の山となっていた。

明治の森箕面国定公園箕面

箕面の滝と紅葉で有名な古くからの名所であり、1967（昭和42）年、明治100年を記念して、東京都の高尾山とともに指定された。高尾山777ha、箕面963haと、2カ所とも国定公園としては他に比べ1桁も2桁も小さく、最小の国定公園である。

大阪城公園
*特別史跡、重要文化財、日本の都市公園100選、日本の歴史公園100選

大阪市中心部に位置する総面積105.6haの広大な歴史公園である。内濠と外濠で二重に囲まれた城内区域には、緑のなかにそびえ立つ白亜のコンクリート造の天守を中心に、13棟の国指定重要文化財の門や櫓が点在し、梅林や桜の名所として知られる西の丸庭園などが設けられている。大阪城の歴史を学び体感するとともに、老若男女が四季の移ろいを享受する憩いの場として人気を博している。この城内エリア全体に外濠の外縁地区を加えた範囲が、国の特別史跡に指定されている。一方、史跡指定地外の城外区域には、森林公園地区や大噴水などの豊かな緑と水の景に加えて、野外音楽堂、大阪城ホール、野球場などの大規模な文化施設や運動施設が設置されており、一年を通じて市民に広く利用されている。周辺に高層建築群が密集するなか、南側に隣接する難波宮跡とあわせて、物心両面で潤いを提供する貴重なオープンスペースになっている。

大阪城は明治維新以降、政府の軍用地となった。この一画を借りて1924（大正13）年に開設した小規模な「大手前公園」が、大阪城公園の始まりである。28（昭和3）年、当時近代都市づくりを推進していた大阪市は、象徴的存在として新たに「大阪城公園」を都市計画決定し、公園全体の整備とあわせて豊臣時代の天守の再建を発表した。この事業は大阪のシンボルの復興として熱烈な歓迎を受け、市民の寄付金を財源に建設が進められ、31（昭和6）年に5層8階建ての天守が竣工した。以後、時代ごとに拡張整備が進められていくが、特に注目すべきは、城外エリア東部の一画新たに出現した「森」である。高度経済成長期に都市公害が問題化した大阪市は64（昭和39）年「大阪市緑化宣言」を発し、官民あげて緑化政策を推進していっ

IV　風景の文化編　　187

たが、その代表的な事業として、陸軍造兵廠の工場が建ち並び空襲で荒廃していた一画を森林公園として整備することとなった。市民団体の協力のもと約35,000本の樹木が植栽され、69（昭和44）年、市民の寄付により植樹される市民の森や記念樹の森を含む約36haの森林公園が完成した。近年は、特に都市戦略のなかで「世界的観光拠点」としての機能強化が推進されている。2015（平成27）年度より、公園や施設を指定管理者として一体管理するだけでなく、施設建設による収益事業や魅力向上のイベントなど、民間事業者独自の集客、収益事業を総合的なマネジメントとして実施するPMO（Park Management Organization）方式による運営が始まり、先駆的事例として注目されている。

都 万博記念公園

吹田市に位置する、日本万国博覧会の跡地に整備された約258haの府下最大級の公園である。1970（昭和45）年、「人類の進歩と調和」をテーマにアジアで初めて開催されたこの万国博覧会の会場となったのは、大阪市より約15km北方にある千里丘陵の地である。大規模な造成と客土、土壌改良を施した地盤に、奇抜な形のパビリオンが林立する「未来都市」が出現し、史上最多の入場者数を記録する大盛況を呈した。跡地整備の方針をめぐっては、当初都市開発も検討されたが、最終的に「緑に包まれた文化公園」を基本理念とすることが決定した。その具体の整備内容は、人工的に造成された広大な土地に自然林を再生するという、世界的にみても前例のない画期的なものであった。1972（昭和47）年から、更地になった人工地盤をすり鉢状に造成し、公園外周部から中心部に向けて密生林、疎生林、散開林の3タイプの樹林構成の下、約250種、60万本の樹木が導入され、30年後に「自立した森」として熟成することをめざした基盤整備が進められていった。以後、目標の30年が経過した2000（平成12）年、樹木は大きく成長し量としては充実したが、反面、生物多様性に欠けるという質の課題が明らかとなり、科学的検証を踏まえた順応的管理が先駆的に実践され始めて現在にいたる。万博のシンボルであった太陽の塔をとり囲むように豊かな緑が広がっているが、これは人が生みだし、今も育て続けている森の風景なのである。

都 浜寺公園　＊日本の歴史公園100選

　堺市西区および高石市にまたがる、浜寺水路と呼ばれる幅200ｍの運河沿いに広がる公園である。この土地は、古来海に直接面し、万葉集をはじめ詩歌に詠まれた白砂青松の景勝地「高師の浜」であった。明治初期に民間に払い下げられ松林が濫伐され、その打開策として1873（明治6）年12月、住吉公園に続く大阪府下2番目の公園として開設された。以後、明治後期から昭和にかけて、固有の風光美に加えて南海電車開通や海水浴場開設が誘引力となり、関西一円から人々が集う行楽地となった。その後、この地の風光を担ってきた松林と砂浜は再び大きな危機に直面する。戦後、米軍宿舎用地として接収された際に松林は大量伐採され、砂浜には盛土がなされて芝生が張られ、宿舎などが建ち並んだ。さらに1961（昭和36）年には、沖に泉北臨海工業地が造成されて砂浜は消滅し、代わりにプール群と子供汽車が人気の交通遊園や野球場などを備えた総合公園として拡張整備された。ただし、松林だけはこれらの危機をすべて乗り越え、修復、保全されて現在にいたる。園内には約5,000本の松が生育しているが、公園の象徴的存在として保全と育成のためのきめ細やかな管理が施されている。一方で、新たな施設整備やイベント、サービスの充実による魅力創出の取り組みも進められており、特に1993（平成5）年に新たに整備されたばら庭園は日本に自生する野生種30種類が揃い、人気を博している。

庭 南宗寺庭園　＊名勝

　堺市堺区南旅篭町東にある南宗寺は、1557（弘治3）年に三好長慶が造立したものだが、74（天正2）年と大坂夏の陣の戦火で焼失して、1619（元和5）年頃までに方丈・庫裏などが復興されている。

　作庭年代についてはこの復興時という説もあるが、大徳寺の高桐院文書によると、1650〜66（慶安3〜寛文6）年頃につくられた可能性が高い。庭園は石橋から川が流れ下る光景を、枯山水として表現していて、石橋と流れの石組を大胆に組み合わせているのが魅力になっている。1945（昭和20）年の空襲で、開山堂や客殿、千利休が使っていた実相庵などが焼失したが、利休愛用の袈裟形の手水鉢は残っている。

IV　風景の文化編　　**189**

温泉

地域の特性

　大阪府は、西は大阪湾に面し、淡路島の北の明石海峡、南の鳴門海峡を通じて瀬戸内海と連絡できる。特に別府航路が早くから開かれており、関西地方から多くの客が別府温泉を訪れた。四国とは、高速道路を利用して淡路島を縦断し、陸路で往来できる。大阪府は工業製品出荷額は愛知県、神奈川県に次いで3位であり、商店数は東京に次いでいる。大阪城、道頓堀、通天閣などは大阪での観光に欠かせない。

◆旧国名：摂津、河内、和泉　　府花：ウメ、サクラソウ　　府鳥：モズ

温泉地の特色

　府内には宿泊施設のある温泉地が35カ所あり、源泉総数は171カ所である。42℃未満の中低温の源泉が多く、湧出量は毎分3万6,000ℓで、全国22位である。年間延べ宿泊客数は190万人を数え、全国22位にランクされている。このように、大阪府は温泉資源、宿泊客数ともに全国温泉地の中位に位置づけられ、温泉地域としての地位が上がっている。

主な温泉地

①箕面（みのお）　塩化物泉

　府中西部、明治100年を記念して指定された明治の森箕面国定公園内にあり、箕面山の渓谷入口に誕生した温泉地である。阪急電鉄の開発によって箕面公園が整備され、箕面温泉スパガーデン、ホテルなどもあり、温泉浴を楽しめる。温泉は塩化物泉が多量に湧出しており、宿泊客も多い。箕面滝は観光の目玉であり、特に秋の紅葉期には多くの観光客が訪れ、高原部ではテニス、水泳、スケートなど、四季折々の野外レクリエーションが楽しめる。東海自然歩道の西の拠点でもある。

交通：阪急電鉄箕面線箕面駅

②犬鳴山 （いぬなきやま） 炭酸水素塩泉

　府南部、泉佐野市の南東にあり、犬鳴山の参道近くにある温泉地で、夏
は大阪近郊の避暑地としても賑わう。南北朝時代に、楠正成が傷ついた兵
を癒したという伝説がある。この地は七宝滝寺の門前町として栄えたが、
第2次世界大戦後に温泉掘削が行われ、関西の奥座敷として客が増えた。
犬鳴山七宝滝寺は修験道の聖地として、多くの信者が参詣しており、犬鳴
山温泉は信仰と観光の客を受け入れて発展している。

交通：南海電鉄泉佐野駅、バス35分

執筆者 / 出典一覧

※参考参照文献は紙面の都合上割愛
しましたので各出典をご覧ください

Ⅰ　歴史の文化編

【遺　跡】　石神裕之　（京都芸術大学歴史遺産学科教授）『47都道府県・遺跡百科』(2018)

【国宝 / 重要文化財】　森本和男　（歴史家）『47都道府県・国宝 / 重要文化財百科』(2018)

【城　郭】　西ヶ谷恭弘　（日本城郭史学会代表）『47都道府県・城郭百科』(2022)

【戦国大名】　森岡浩　（姓氏研究家）『47都道府県・戦国大名百科』(2023)

【名門 / 名家】　森岡浩　（姓氏研究家）『47都道府県・名門 / 名家百科』(2020)

【博物館】　草刈清人　（ミュージアム・フリーター）・可児光生　（美濃加茂市民ミュージアム館長）・坂本昇　（伊丹市昆虫館館長）・髙田浩二　（元海の中道海洋生態科学館館長）『47都道府県・博物館百科』(2022)

【名　字】　森岡浩　（姓氏研究家）『47都道府県・名字百科』(2019)

Ⅱ　食の文化編

【米 / 雑穀】　井上繁　（日本経済新聞社社友）『47都道府県・米 / 雑穀百科』(2017)

【こなもの】　成瀬宇平　（鎌倉女子大学名誉教授）『47都道府県・こなもの食文化百科』(2012)

【くだもの】　井上繁　（日本経済新聞社社友）『47都道府県・くだもの百科』(2017)

【魚　食】　成瀬宇平　（鎌倉女子大学名誉教授）『47都道府県・魚食文化百科』(2011)

【肉　食】　成瀬宇平　（鎌倉女子大学名誉教授）・横山次郎　（日本農産工業株式会社）『47都道府県・肉食文化百科』(2015)

【地　鶏】　成瀬宇平　（鎌倉女子大学名誉教授）・横山次郎　（日本農産工業株式会社）『47都道府県・地鶏百科』(2014)

【汁　物】　野﨑洋光　（元「分とく山」総料理長）・成瀬宇平　（鎌倉女子大学名誉教授）『47都道府県・汁物百科』(2015)

【伝統調味料】　成瀬宇平　（鎌倉女子大学名誉教授）『47都道府県・伝統調味料百科』(2013)

【発　酵】　北本勝ひこ　（日本薬科大学特任教授）『47都道府県・発酵文化百科』(2021)

【和菓子 / 郷土菓子】 亀井千歩子 （日本地域文化研究所代表）『47都道府県・和菓子 / 郷土菓子百科』(2016)

【乾物 / 干物】 星名桂治 （日本かんぶつ協会シニアアドバイザー）『47都道府県・乾物 / 干物百科』(2017)

Ⅲ　営みの文化編

【伝統行事】 神崎宣武 （民俗学者）『47都道府県・伝統行事百科』(2012)

【寺社信仰】 中山和久 （人間総合科学大学人間科学部教授）『47都道府県・寺社信仰百科』(2017)

【伝統工芸】 関根由子・指田京子・佐々木千雅子 （和くらし・くらぶ）『47都道府県・伝統工芸百科』(2021)

【民　話】 廣田 収 （同志社大学名誉教授）/ 花部英雄・小堀光夫編『47都道府県・民話百科』(2019)

【妖怪伝承】 化野 燐 （小説家）/ 飯倉義之・香川雅信編、常光 徹・小松和彦監修『47都道府県・妖怪伝承百科』(2017)イラスト©東雲騎人

【高校野球】 森岡 浩 （姓氏研究家）『47都道府県・高校野球百科』(2021)

【やきもの】 神崎宣武 （民俗学者）『47都道府県・やきもの百科』(2021)

Ⅳ　風景の文化編

【地名由来】 谷川彰英 （筑波大学名誉教授）『47都道府県・地名由来百科』(2015)

【商店街】 杉山伸一 （大阪学院大学教育開発支援センター准教授）/ 正木久仁・杉山伸一編著『47都道府県・商店街百科』(2019)

【花風景】 西田正憲 （奈良県立大学名誉教授）『47都道府県・花風景百科』(2019)

【公園 / 庭園】 西田正憲 （奈良県立大学名誉教授）・飛田範夫 （庭園史研究家）・井原 縁 （奈良県立大学地域創造学部教授）・黒田乃生 （筑波大学芸術系教授）『47都道府県・公園 / 庭園百科』(2017)

【温　泉】 山村順次 （元城西国際大学観光学部教授）『47都道府県・温泉百科』(2015)

索　引

あ 行

安威氏 38
青木家 44
赤坂城 31
芥川 61
芥川氏 38
アコウダイ料理 83
芦間高 152
安満遺跡 14
蟻通明神 141
栗おこし 114
安藤百福発明記念館 大阪
　池田(カップヌードルミ
　ュージアム 大阪池田) 57
イイダコ料理 83
イカナゴ(コウナゴ)料理82
イガミの煮つけ 82
生玉(生国魂)夏祭 125
生根神社 129
池上曽根遺跡 15
池田氏 38
生駒山 5, 186
石切参道商店街 177
石山本願寺 8
いただき 114
市岡高 152
イチゴ 77
イチジク 75
イチョウ 4
犬鳴ポーク 88
犬鳴山 191
茨木氏 38
茨木童子 143, 145
今宮十日戎 124
入江氏 39
岩おこし 114
ウイスキー 106
上宮高 152
上宮太子高 152
うおすき(魚鋤) 81
うどん
うどんすき 73, 98, 99, 104
うどん鍋 83
ウナギの蒲焼き 81

姥が火 146
ウメ 4, 76
梅酒 107
梅田 165
うらら香 103
瓜生堂遺跡 16
瓜破遺跡 15
うるち米 65
エビジャコ(小エビ)料理83
えべっさんの「おたやん飴」
　と「ねじり飴」 112
円光寺 132
扇町総合高 153
大坂 3
大阪ウメビーフ 86
大阪唐木指物 135
大阪国際平和センター(ピ
　ースおおさか) 58
大阪金剛簾 136
大阪市 3
大坂城 9, 31
大阪城公園 54
大阪城公園のウメとサクラ
181
大阪城天守閣 54
大阪商法会議所 10
大阪市立科学館 54
大阪市立自然史博物館 51
大阪市立住まいのミュージ
　アム(大阪くらしの今昔
　館) 55
大阪ずし 84, 107
大阪泉州桐箪笥 135
大阪ソース 102
大阪天満宮 129
大阪桐蔭高 153
大坂夏の陣図 24
大阪浪華錫器 137
大阪府立近つ飛鳥博物館55
大阪府立図書館 27
大阪府立弥生文化博物館
55, 66
大阪欄間 134
大阪歴史博物館(なにわ歴
　博) 53

太田茶臼山古墳 19
大寺餅 115
大蜥蜴 146
大林家 44
御勝山古墳 16
岡部家 44
お好み焼き 71, 88, 107, 117
お好み焼き・豚カツ用濃厚
　ソース 103
御田植神事 68, 123
織田信長 37
小田巻蒸し 92
おたやん飴 112
小野家 44
オムライス 88
オリバーソース 103
恩智神社 130
恩智神社の秋祭りの「唐菓
　子」 113
音揃(おんぞろ / 名字) 62

か 行

海遊館 52
カキ 76
覚寿尼 111
懸守 24
かしみん焼き 93, 117
かただんご 70
かちんどん 73
カップヌードルミュージア
　ム大阪池田 57
葛城踊り 68
葛城山 186
京(かなどめ / 名字) 62
要家 45
上方落語 6
鴨ねぎ丼 93
かやくごはん 67
唐金家 45
川内源氏 8
河内ワイン館 108
環濠 8
関西創価高 153
観心寺金堂 26
関大一高 153

関大北陽高	153
関東炊き	98, 104
観音寺	128
キウイ	76
岸和田駅前通商店街	178
岸和田市	3
きしわだ自然資料館	56
岸和田城	32
岸和田だんじり祭	125
キタ（梅田周辺）	5, 172
北野高	154
吉向焼	160
木津城	34
キッズプラザ大阪	54
きつねうどん	73, 99
きつね丼	93
キヌヒカリ	65
きぬむすめ	65
キムチ	107
清見	76
喜連瓜破	165
近大泉州高	154
近大付高	154
日下	166
串カツ（牛）	87
串カツ（豚）	88
串カツ用ウスターソース	
	103
鯨羹	112
鯨鍋	99
クジラのハリハリ鍋	82
くじら餅（鯨餅）	112
くずし豆腐汁	98
くずしの炊き食い	99
楠木正成	8
葛葉狐	146
楠本家	45
杭全神社	130
久米田池	66
クリ	76
くるみ餅（久留美餅）	113,
	115
クロダイ（チヌ）料理	83
郡家今城遺跡	14
鶏卵素麺	114
けし餅	115
玄奘三蔵絵	24
興国高	154
国府遺跡	13
コウナゴ料理	82
鴻池	61

鴻池家	46
小エビ料理	83
極上七味	103
国立民族学博物館（みんぱく）	
	52
古曾部焼	161
五智果	115
御殿山神社	130
粉物	118
粉もの料理	6
木の葉丼	93
小麦餅	113
ころころだんご	70
ころの味噌鍋	89
紺掻（こんがき／名字）	62
金剛生駒紀泉国定公園	186
金光大阪高	155
金剛山	186
金剛寺	108
誉田御廟山古墳	17
昆布	84, 116
昆布ダシ醤油	102

さ 行

佐井寺	128
堺	166
堺打刃物	137
堺市	3
堺市博物館	56
サカエマチ商店街	176
坂上家	46
目（さかん／名字）	62
桜井神社	131
サクラ	180, 183
さくらんぼのクラフティー	
	77
サツキ	185
サバの生ずし	82
サバの焼き物	82
サバ料理	82
狭山池	67
狭山池遺跡	21
狭山陣屋	34
サヨリの料理	82
さらし鯨の辛子味噌和え	89
ざるうどん	73
サワラ（サゴシ）料理	82
三ヶ氏	39
サンショウ	75
JT 生命誌研究館	56
地黄城	36

塩野家	46
しがらき餅	113
時雨餅	115
慈眼院多宝塔	26
四天王寺	4, 20, 129
磯長谷古墳群	20
司馬遼太郎記念館	57
ジビエ料理	89
シマノ自転車博物館サイクルセンター	
	57
シャコの塩茹で	84
シャコ料理	84
しゃぶしゃぶ	87
十三焼	114
浄谷寺	131
醸造用米	65
焼酎	106
醤油	96, 106
食パン	107
不知火	76
白身魚文化	80
白みそ雑煮	67
神農祭	125
新挽き	117
吹田市	3
吹田市立博物館	57
陶邑窯跡群	19
陶邑窯跡群出土品	23
末吉家	46
菅原道真公	110
すき焼き	87
スダチ	76
砂かけ婆	147
住友家	47
住友銅吹所跡	21
住吉大社	4
住吉大社の祭礼	123
住吉南祭	123
スモモ	76
清涼煮	87
せとか寿司	77
銭高家	47
泉州水なす漬け	107
千手観音坐像	23
船場汁	82, 98
泉陽高	155
造幣局通り抜けのサクラ	
	180
そば	66

索　引　195

た 行

大院大高	155
だいがく祭り	68
大工頭中井家関係資料	25
大源味噌	102
大将軍社	111
大豆	66
大仙古墳（大山古墳）	5, 17
大体大浪商高	155
たい飯	83
高岡の酒まんじゅう	114
高木家	47
高槻	166
高槻市	3
高槻城	34
高入道	147
高安千塚古墳群	19
高山氏	39
タカワ（鷹輪）ソース	103
武田家	48
たこ焼き	71, 107
伊達巻寿司	92
田辺家	48
他人丼	92
たぬき丼	93
種麹屋	108
玉井氏	40
たまごサンド	92
だんじり吉兵衛	148
だんじり祭り	6
乳ボーロ	93
千早城	35
粽祭	68
チャンチャカお婆	148
ちょぼ焼き	72, 119
通天閣	5
津田氏	40
ツツジ	185
つのくに	7
津守家	48
釣鐘饅頭	115
鶴橋商店街	175
寺島家	48
寺田家	49
天下の台所	9
天神橋筋商店街	174
天神祭りの船渡御	5
天王寺高	156
天王寺動物園	53
天満天神祭	124

天満宮「菜花祭」	112
天満宮の「菜種御供」	111
東海大大阪仰星高	156
唐菓子	113
踏歌神事	123
東京（名字）	61
東光院のハギ	183
堂島米会所跡	66
堂島の米市場	9
道明寺	110
道明寺粉	117
東洋のマンチェスター	10
徳川家康	33, 128
ドジョウにゅうめん	73
鳥取（名字）	61
どて焼き	87, 107
豊臣秀吉	3, 9, 31, 108, 144, 182
豊中市	3
トラフグ料理	83
どら焼き	72
鳥呑爺	141
とんべい焼き	72
蜻蛉玉	138

な 行

永井家	49
長池オアシス	66
中川氏	40
中之島公園のバラ	184
長原遺跡	13
長屋建	2
長柄人柱	142
ナス汁	98
ナツミカン	76
難波潟	2
浪速高	156
浪花津	93
なにわの伝統野菜	97
難波宮跡	20
なにわ歴博	53
奈良井遺跡	18
南宗寺庭園	189
難波焼	161
肉うどん	73
肉吸い	87, 98, 99
肉桂餅	115
日新高	156
日本酒	106
日本ナシ	76
日本民家集落博物館	56

ねぎ焼き	72, 89
ねじり飴	112
寝屋川高	156
農産物朝市直売所	78
能勢	61
能勢氏	40
能勢妙見	128
ノッチ	149
のっぺ汁	98, 99

は 行

ハギ	183
箱ずし	67
羽柴秀吉	9
ハス	183
はすね餅	114
畠山氏	41, 43
波太神社の宮入	68
鉢かづき	143
発酵研究所	109
ハッサク	75
はったい粉	116
バッテラ	67
八百八橋	5
花折水路	67
鼻毛（名字）	61
ハナショウブ	184
パナソニックミュージアム	55
放出	167
浜寺公園	189
はもおとし	81
はもきゅう	81
はもなます	81
はもむし	81
ハモ料理	81
バラ	184
はらみだんご	71
針中野	167
はりはり鍋	89
半夏生団子	113
半助の煮物	81
阪南大高	157
万博記念公園	5, 188
万博記念公園のサクラとハス	183
PL学園高	157
ピースおおさか	58
ビール	106
東大阪市	3
ヒノヒカリ	65

枚方	167	御堂筋	5	山崎ウイスキー館	108
枚方市	3	御堂すじ(料理)	87	山田池公園のハナショウブ	
広海家	49	湊焼	161		184
ビワ	77	ミナミ(なんば・心斎橋周		山村家	50
福島	167	辺)	5, 173	遊佐氏	42
ブドウ	74	箕面	190	ユズ	77
冬六代	93	三宅氏	42	油滴天目茶碗	25
ブルーベリー	76	都島工(高)	157	指吸(ゆびすい / 名字)	62
文楽	6	明星高	158	洋食焼き	71
北条家	50	みんぱく(国立民族学博物		四ッ池遺跡	15
ぼうりだんご	98	館)	52		
細川氏	41	夢想丸	94	**ら 行**	
ぼてじゅう	88	明治の森箕面国定公園箕面		ラジオ焼き	119
ホルモン料理	88		187	履正社高	158
ポン酢	103	メゴチ料理	83	りんごの皮のかりんとう	77
		食野家	50	リンゴのトースト	77
ま 行		木造大日如来坐像	4	林昌寺のツツジとサツキ	
マダイの料理	82	モズ(百舌鳥)	168		185
マダコ料理	83	もち米	65	ルテインたまご	93
松浦氏	41	桃	75	レモン	76
まむし	67, 81	森の宮貝塚	14		
豆狸	149			**わ 行**	
マンゴープディング	77	**や 行**		ワイン	106
ミカン	75	八尾高	158	若ゴボウ汁	98
三国丘高	157	八尾市	3	和田氏	42
神輿洗神事	123	八尾若ゴボウ汁	99	渡辺家	50
みじん粉	118	屋台焼肉	89	藁しべ長者	140
味噌	96, 106	山蔭中納言	142		
三ッ塚古墳	18	山口家	50		

47都道府県ご当地文化百科・大阪府

令和 6 年 9 月 30 日　発　行

編　者　丸　善　出　版

発行者　池　田　和　博

発行所　丸善出版株式会社
〒101-0051 東京都千代田区神田神保町二丁目17番
編集：電話 (03) 3512-3264／FAX (03) 3512-3272
営業：電話 (03) 3512-3256／FAX (03) 3512-3270
https://www.maruzen-publishing.co.jp

© Maruzen Publishing Co., Ltd. 2024

組版印刷・富士美術印刷株式会社／製本・株式会社 松岳社

ISBN 978-4-621-30950-6　C 0525　　　　Printed in Japan

JCOPY　〈(一社)出版者著作権管理機構　委託出版物〉
本書の無断複写は著作権法上での例外を除き禁じられています. 複写
される場合は, そのつど事前に, (一社)出版者著作権管理機構(電話
03-5244-5088, FAX 03-5244-5089, e-mail : info@jcopy.or.jp)の許諾
を得てください.

【好評既刊 ● 47都道府県百科シリーズ】
（定価：本体価格3800〜4400円＋税）

47都道府県・**伝統食百科**……その地ならではの伝統料理を具体的に解説

47都道府県・**地野菜/伝統野菜百科**……その地特有の野菜から食べ方まで

47都道府県・**魚食文化百科**……魚介類から加工品、魚料理まで一挙に紹介

47都道府県・**伝統行事百科**……新鮮味ある切り口で主要伝統行事を平易解説

47都道府県・**こなもの食文化百科**……加工方法、食べ方、歴史を興味深く解説

47都道府県・**伝統調味料百科**……各地の伝統的な味付けや調味料、素材を紹介

47都道府県・**地鶏百科**……各地の地鶏・銘柄鳥・卵や美味い料理を紹介

47都道府県・**肉食文化百科**……古来から愛された肉食の歴史・文化を解説

47都道府県・**地名由来百科**……興味をそそる地名の由来が盛りだくさん！

47都道府県・**汁物百科**……ご当地ならではの滋味の話題が満載！

47都道府県・**温泉百科**……立地・歴史・観光・先人の足跡などを紹介

47都道府県・**和菓子/郷土菓子百科**……地元にちなんだお菓子がわかる

47都道府県・**乾物/干物百科**……乾物の種類、作り方から食べ方まで

47都道府県・**寺社信仰百科**……ユニークな寺社や信仰を具体的に解説

47都道府県・**くだもの百科**……地域性あふれる名産・特産の果物を紹介

47都道府県・**公園/庭園百科**……自然が生んだ快適屋外空間340事例を紹介

47都道府県・**妖怪伝承百科**……地元の人の心に根付く妖怪伝承とはなにか

47都道府県・**米/雑穀百科**……地元こだわりの美味しいお米・雑穀がわかる

47都道府県・**遺跡百科**……原始〜近・現代まで全国の遺跡&遺物を通観

47都道府県・**国宝/重要文化財百科**……近代的美術観・審美眼の粋を知る！

47都道府県・**花風景百科**……花に癒される、全国花物語350事例！

47都道府県・**名字百科**……NHK「日本人のおなまえっ！」解説者の意欲作

47都道府県・**商店街百科**……全国の魅力的な商店街を紹介

47都道府県・**民話百科**……昔話、伝説、世間話…語り継がれた話が読める

47都道府県・**名門/名家百科**……都道府県ごとに名門/名家を徹底解説

47都道府県・**やきもの百科**……やきもの大国の地域性を民俗学的見地で解説

47都道府県・**発酵文化百科**……風土ごとの多様な発酵文化・発酵食品を解説

47都道府県・**高校野球百科**……高校野球の基礎知識と強豪校を徹底解説

47都道府県・**伝統工芸百科**……現代に活きる伝統工芸を歴史とともに紹介

47都道府県・**城下町百科**……全国各地の城下町の歴史と魅力を解説

47都道府県・**博物館百科**……モノ&コトが詰まった博物館を厳選

47都道府県・**城郭百科**……お城から見るあなたの県の特色

47都道府県・**戦国大名百科**……群雄割拠した戦国大名・国衆を徹底解説

47都道府県・**産業遺産百科**……保存と活用の歴史を解説。探訪にも役立つ

47都道府県・**民俗芸能百科**……各地で現存し輝き続ける民俗芸能がわかる

47都道府県・**大相撲力士百科**……古今東西の幕内力士の郷里や魅力を紹介

47都道府県・**老舗百科**……長寿の秘訣、歴史や経営理念を紹介

47都道府県・**地質景観/ジオサイト百科**……ユニークな地質景観の謎を解く

47都道府県・**文学の偉人百科**……主要文学者が総覧できるユニークなガイド